「影の総理」と呼ばれた男
野中広務 権力闘争の論理

菊池正史

講談社現代新書

2507

まえがき

戦争の記憶を辿る旅

今から一六年前の二〇〇三（平成一五）年二月九日、野中広務は太平洋戦争激戦の地、レイテ島ダニエル・Z・ロマオルデス空港に降り立った。傍らには古賀誠の姿もあった。森喜朗政権下、野中の後を継いで自民党の幹事長を務め、肝胆相照らす仲である。

空は青く澄み渡り、強い日差しが容赦なく二人の顔を突き刺す。二月とはいえ、熱帯ならではの蒸し暑さがまとわりついた。チャーターしたバスにともに乗り込み、街中から一時間ほど走った山間部でバスを降りた。さらに細い山道を歩くと、日頃人が足を踏み入れることのない森がどこまでも奥深く広がっている。

この地で、古賀の父・辰一は戦死した。一九四四（昭和一九）年一〇月、ダグラス・マッカーサー率いるアメリカ軍は、圧倒的な火力と物量をもって、日本軍が守備するレイテ島に上陸侵攻作戦を開始。およそ二ヵ月の戦闘で、日本軍はほぼ全滅した。

戦後五八年が過ぎようとしていたが、古賀が父の死地へと慰霊の旅をするのは初めてのことだった。二人は、その森の中に平らな場所を見つけ、簡素な祭壇をつくった。古賀の母親の遺影と、この旅に同行することのできなかった姉の写真を置いた。そして辰一が好きだった煙草と地元・福岡の日本酒や米、野菜を供えた。

父親が戦死したとき、古賀はわずか四歳だった。ぬくもりも、面影すらもわからない。記憶には存在しない父親の魂に直面したとき、自分はどんな思いを抱くのだろうか、と迷っているうちに、長い年月が過ぎていった。

そんな古賀の背中を押したのが野中だった。

その経緯を二人がそろって明かしたのが、二〇一七年八月一五日に放送されたBS日テレの『深層NEWS』だった。奇しくも、これが野中の最後のテレビ出演となった。

戦死した父の涙雨

収録は京都府伏見区にある聖母女学院で行われた。銅葺きの屋根、煉瓦造りという古典的建築の本館校舎は、かつては陸軍第16師団司令部であり、戦後に払い下げられたものだ。レイテ島の守備隊には、この師団からも一万三〇〇〇名の将兵が派遣されていた。

古賀の来歴にも深く関わる戦争の記憶を宿した場所で、野中はこう話し始めた。

「私は年二回程度、後援会と一緒に、戦地への慰霊の旅をしてきました。だからフィリピンも何回か行きました。古賀さんを誘ったのも、そういう経緯があったからなんです」

古賀は、日本遺族会の会長を務めていた。その活動のなかには、戦没者遺児が父親の戦死した土地を訪ねる事業もあったが、先述したように古賀は参加してこなかった。

「父親が亡くなった戦地に行って、自分でどのように心を整理できるのか。自分の中に心を打つものがあるのか。色々なことを考えると、むしろ怖さみたいなものがありましてね。その話をした時、野中さんが、何で行かないんだ、と。それは親不孝だ。お父さんの魂がまだ帰ってくることができずにいるじゃないか。そんな勇気もなくて、政治家が務まるのか。一人で行くことをためらうなら、俺もついて行くから、と言ってくださった」

辰一が戦い死んだ地で二人が手を合わせた直後、それまで晴れ渡っていた空が急に雲に覆われ、スコールが二人の身体に打ちつけた。

「お父さんの涙雨だ。やっと迎えに来てくれたかと言っている」

野中に、そう声をかけられ、古賀は涙をこらえることができなかった。

「みっともないんで、一生懸命、泣かずに我慢していたんですけど、野中さんにそう言われると、こらえきれなかった」

戦争の記憶を語り継ぐこと。そして、二度と戦争をしない、させない政治を行うこと。これは野中が生涯貫き通した信念だった。そして野中は、戦争で傷つき、犠牲となった人々への思いを忘れることは片時もなかった。

「政界の狙撃手」の攻撃力

一方で、価値観を共有できない人間に対する野中の攻撃は熾烈《しれつ》を極めた。権力闘争を巡る権謀術数、政敵の急所を突く攻撃は群を抜いて激しかった。

私が野中の存在を知ったのは、今から四半世紀も前、日本テレビ報道局の政治部に配属された直後の一九九三年秋だった。当時、自民党は野党に転落していた。結党以来、初めてのことだ。政界の激動の震源となったのは、今は自由党という小政党の共同代表となっている小沢一郎だ。小沢は仲間とともに自民党を離党した。国政では無名だった野中は、小沢との闘いで、一気に表舞台に躍り出た。

自民党から飛び出した小沢は、「非自民」勢力を結集して細川護熙《もりひろ》連立内閣を発足させた。野中は国会で、怒りをむき出しにしてこの政権と闘った。攻撃の矛先は、小沢と二人三脚の関係だった公明党にも向けられた。

一九九三年一〇月六日の衆議院予算委員会——。

「公明党は創価学会に会場使用料を払っておられますか」

「私が言いたいのは、組織が許可をし、組織の施設を使い、建物、電話、ファクス、コピー、これらの膨大な経費を、あなたの党は正当な対価を払っておらないということが明らかになったということであります」

「すべて（創価学会の）非課税の資金で賄われておるということでございます。選挙支援のために宗教の（非課税の）施設や資金が使われている」

公明党委員長で、細川政権の総務庁長官だった石田幸四郎に、野中はこうたたみかけた。当時、創価学会は、今よりもはるかに、異質で不可解な宗教団体というイメージを持たれていたのではないか。「あの人、学会なんだって」と、小声で後ろ指さされる会員も少なくなかったはずだ。そしてまた、後ろ指をさす人たちが、正面からは何も云々することができないほど、創価学会がタブー視されていたことも確かだろう。創価学会と公明党が一体であり、細川政権の背後で奇異な宗教集団がうごめいているという印象を国民に刻み込むことができれば、野中にとっては十分だった。

政治の表舞台で、世間のタブーに切りこみ、タレ込みや、闇の情報網までも駆使して敵を執拗に追及する。ついたあだ名は「政界の狙撃手」「闘将」だった。眼光は鋭く、公式の場で笑顔を見せることはめったにない。体重は九〇キロを超え、恰幅がいい。だが、その割には声のトーンが高い。そのアンバランスさが、野中のただならぬ存在感に、さらに異彩を加えていた。

「君らの向こうには国民がいる」

　強面のイメージが定着した野中のもとを、私は訪れることになった。一九九四年六月三〇日に村山富市連立政権が発足した直後のことだ。「非自民」政権が倒れて、自民党は連立の形で政権に返り咲く。私は野中が所属する小渕派の担当になったのである。

　野中は国会質問の功績などが評価され、自治大臣・国家公安委員長に就任していた。当時、閣僚級の「大物」議員となると、挨拶の時間を取ってもらうだけでも大変だった。事務所によっては日程担当の秘書が隠然たる力をふるい、議員に会う前に秘書に食い込まなければ前に進まないという、「ひと手間」を要する場合もあった。

「まあ気長に頑張ってみよう」と腹を決めて国会裏にある議員会館の事務所に行くと、秘書はあっさりと、「夜、宿舎に行って直接挨拶してください」と言う。

　その日の夜、高輪にあった野中の議員宿舎に向かった。現在の赤坂にある宿舎は高級マンション並みのセキュリティーだが、当時はノーチェックで部屋の前まで行くことができた。窓から部屋の明かりが見えたので、呼び鈴を押した。しかし、反応がない。ドアノブに手をかけてみると、意外にも開いた。室内にはすでに数人の記者が上がり込んで、いわゆる「夜回り」取材をはじめていた。初めての私はずかずか上がり込むわけにもいかず、「失礼します」と言ってみた。

数日後には分かるのだが、野中は夜回り取材の際、リクライニングチェアでくつろぎながら話をする。いったん、そこに身を預けたらほとんど立ち上がらない。したがって、後から加わる記者は、勝手に上がり込むのが慣例だった。それを知らなかった私は、反応がないので、さらに「失礼します」と声を出した。すると、トレーナー姿の本人が出てきた。

「なんや？」

見慣れぬ記者が、玄関で挨拶したまま上がってこないのを見て、訝《いぶか》しげな眼差しだ。やはり怖い……だが仕事である。新たに担当になったことを告げて、名刺を恐る恐る差し出した。すると、

「ああ、そうすか。こちらこそよろしくお願いします。どうぞ、中に入って」

丁寧に名刺を受け取りながら、テレビで聞いたとおりの甲高い声で挨拶を返してきた。

「ビールはここだから。どうぞ」

私は言われたとおり冷蔵庫からビールを出し、話の輪に加わった。本人に、こんなに簡単に会えたことに驚いた。そして強面のイメージとは真逆の、自然体で礼儀を心得た物腰に感動すら覚えたものだ。

「大物」の中には、新米記者とはまともに付き合わなかったり、気に入らない質問に怒り出したり、傲慢に振る舞ったりする政治家も少なくなかった。そういう相手に頭を下げ、

あの手この手で懐に入り、情報を引き出すのが政治記者の仕事である。しかし、野中は駆け出し記者の質問にも真摯に答えた。答えられないことには「知らん」、「言えません」と返した。記者にとっては、野中が「言えません」と言うことも、一つの情報だった。なぜ「言えない」のか。それを考えることから政局の断面が見えてくることもあった。

「君らの向こうには国民がいる」

野中はそう言って、毎日続く我々の「夜討ち朝駆け」に誠実に付き合った。

そんな野中のトレードマークは肌身離すことのなかった携帯電話だ。携帯電話が普及しはじめた時期である。政局の動き、選挙情報など、野中から直接、記者たちに電話をかけて情報収集をすることもしばしばだった。

「自分は信頼されている。野中に食い込んでいる」

そう思い込んで、ますます野中にのめりこむ記者が各社に数人はいたものだ。醒めた見方をすれば、政敵を身ぐるみはぎ取るような情報戦を仕掛け続けた野中にとって、記者という存在は、ある意味、操縦しやすく、利用価値のある「味方」だったのだろう。

しかし野中は、記者に限らず、官僚や組合、各種団体、企業関係者などにも、丁寧かつ対等に接し、威張ることがなかった。権力の階段を上がっても、その姿勢は変わらず、どの業界でも「野中人気」は高かった。

矛盾と振幅をはらむ複雑な政治

野中の政治が弱者への視線を失うことがなかったことも、「野中人気」の大きな要因だったと思う。自ら重度障碍《しょうがい》者授産施設を設立運営し、要職を務めながら足繁く地元へも足を運び、当事者たちの声に耳を傾けた。旧日本軍が中国各地に遺棄した化学兵器とその被害者救済の問題、旧植民地出身の日本軍軍人、軍属への補償など、戦後処理への真剣な取り組みも、戦争被害者という弱者への思いなくしては継続できなかっただろう。

硬と軟、恫喝と懐柔――野中の政治は大きな振幅を抱え、それは解決されえない矛盾とも思えた。これから詳しく振り返るが、その政治手法は、敵を排除して味方を優遇するという、現在では当たり前になってしまった単純な二元論では説明しきれない、複雑さをはらんでいた。小沢一郎や公明党との関係が象徴するように、敵は時として味方となり、刻々と変化する政治状況の中で理想と現実は融通無碍《ゆうずうむげ》に交錯し合う。

野中の政治家としての終盤には、人々が複雑さより単純さを求める時代が訪れていた。困難よりも安直が、経験よりも独断即決が追求され、わかりやすさと利便性が絶対の価値として定着しつつあった。複雑に、幅広く揺れ動いた野中の政治は、もはや否定されるべき対象であり、実際に「ヌエのようだ」と揶揄されるようにもなったのである。

合理性の対極にあるような、正体の見えにくい野中の政治で、唯一、貫かれたものがあるとすれば、それは「二度と戦争はさせない」という信念であったろう。野中は二〇〇九年一二月に都内で行われたシンポジウムで、「保守とは何か」と問われて、こう答えている。

「守るべきものは、やはり平和であり、そして反戦であり、そして国民を中産階級の国民にしていくということではないでしょうか」

この言葉には、戦後保守の精神が凝縮されている。この精神を貫徹するためにこそ、野中独自の可変性と複雑性が必要とされたのであり、そもそも政治とは複雑な世の中を治める、極めて成熟した大人の仕事なのだということを、この書において解き明かしていきたいと思う。

野中が政界を引退して以降、政治は、常に「敵」をあぶり出し、それを徹底的に叩くという単純な手法によってリーダーシップを演出している。「敵」を罵倒し、議論を通じた妥協や調整を軽視し、自分がやりたいことは独断で全部やり切る。そんな政治が新たな「決める政治」として支持される時代となった。

戦争に生き残った者の使命

そういう時代を招来したことは、妥協と調整に時間をかけた野中世代の政治に苛立ち、

「決める政治」をもてはやした我々メディアの責任でもある。だからこそ私は、野中の死をきっかけに、いったん立ち止まりたい。日本の政治の過去と現在を静かに深く考えたいのである。

世界は動いている、敵が攻めてくる、立ち止まっている場合ではない。そんな強迫に駆られた時代がかつてもあった。日中戦争から太平洋戦争に突き進んだ戦争の時代である。既成事実に追従するだけの政治が辿り着いたのは、昭和二〇年の敗戦だった。

「あの戦争に生き残り、生かされた私の使命は、二度と戦争を起こさせないことだ」

兵士として召集され、生きて帰った野中は常々こう語り、敗戦という歴史の真実を、斃《たお》れるまで叫び続けた。三〇〇万同胞の命を犠牲にして得た教訓を、野中は必死になって次の世代に手渡そうとした。その謦咳《けいがい》に接してきた政治記者の一人として、私は、野中の生の軌跡と残した言葉を検証し、書き記しておきたいと思うのだ。

野中を引退に追い込み、「安倍一強」の生みの親となった小泉政権が発足してから、間もなく一八年が経とうとしている。日本の政治風土には、敵味方を峻別する「強いリーダー」による政治運営が定着した。「強いリーダー」を、役人たちが「忖度《そんたく》」し、そこから「小さな悪や腐敗」が芽を出し始めた。

かつて、ある安倍の側近が私にこう言い切ったことがある。

「なぜメディアは安倍を批判するんだ。安倍が間違った判断をするはずがないじゃないか」

だが、権力者が間違わないという保証が、いったいどこにあるのだろうか。

今、多くの人々から戦争の記憶と教訓が薄れつつある。しかし、時の政府が、再び国民の命を巻き込んで犠牲にすることは、絶対に許されない。

野中が生きた、昭和と平成という時代が終わろうとしている。今こそ私は、勇気をもって過去を振り返り、もう一度、野中が伝えようとした戦争の記憶、歴史の教訓を思い起こしたい。戦争体験を起点にして、野中という政治家の道筋を辿り直してみたい。そうすることが、芽吹き始めた腐敗の芽を摘み取る意識を養い、戦争に向かう潮流をせき止める力になると信じるからである。

なお、本書中、野中の発言には出典を記した。特に記載のないものは私がインタビューなどで独自に取材したものである。

（本文一部敬称略）

目次

第一章　「戦争は許さない」という政治

1　軍国青年

敗戦後の自決を制止される

「貴様ら！　何をしとるか！」

敗戦直後の一九四五（昭和二〇）年八月一七日、高知県桂浜の海岸で、野中ら兵士五名は、馬に乗って駆けつけてきた大西清美少尉に、そう怒鳴られながら蹴りつけられ、殴られた。

この日、敗戦を知った野中らは「いさぎよく死のう」と仲間五人で部隊近くの桂浜に向かい、手にしていた手榴弾で、まさに自決を図ろうとしていた。これを聞きつけた大西少尉は急いで野中らを見つけ出し、思いとどまらせようとして殴ったのである。そしてこう続けた。

「お前たち、死ぬほどの勇気があるならば、こんな間違った戦争を始めた東條英機がまだ東京におるから、その東條を殺してこい。それから死んだって遅くない。それで命長らえたら、この国のために働け！」

野中たちは、その剣幕に気圧《けお》されて部隊に戻った。

「今、この命があるのは、大西さんのおかげなんです」
野中は戦争の話になると、必ずと言っていいほど大西少尉とのエピソードに触れた。

野中は一九四五年三月に召集され、本土決戦に備えて結成された第55軍の第１５５師団歩兵第４５２連隊、通称「護土２２７５６部隊」に配属された。この部隊は、香川県丸亀で編制された。新兵としての訓練は過酷であり、朝七時に起床、すぐさま練兵場に集合し、重い背嚢を負って一〇キロ以上も離れた金毘羅神社まで連日のように走らされた。倒れれば水をかけられ、蹴飛ばされ、訓練中にミスをおかせば整列して全員が殴られた。

野中が大西少尉と出会ったのは、その訓練が終わった一九四五年五月下旬、幹部候補生になるための試験を受けろと言われて合格し、中国の保定《パオティン》にあった予備士官学校に転属を命じられた頃だったという。

大西少尉が突然、部隊に現れて集合がかかった。少尉といえば将校であり、野中ら新米兵士からすれば手も届かないほど上の階級だ。幹部候補生の試験に合格した野中たちが緊張して整列すると、大西少尉はいきなりこう言った。

「お前ら戦陣訓を持っておるか」

「戦陣訓」とは、一九四一年、陸軍大臣だった東條英機が通達した訓諭だ。中国との戦争

大西清美氏

が泥沼化するにしたがって、中国に駐留する将兵たちの士気は低下し、軍紀の乱れが目立ち始めた。そのため綱紀粛正を期して準備されたもので、戦場における軍人の心得が列挙されている。

軍人としての在り方を明示したものには、一八八二（明治一五）年、明治天皇によって定められた「軍人勅諭」がすでにある。忠節、礼儀、武勇、信義、質素の五徳を求めたほか、軍の政治への不干渉などを命じている。「戦陣訓」は「軍人勅諭の戦場版」とも言われ、その序文には、「軍人としての根本的な精神は軍人勅諭に明記されているが、実際の戦場では目先のことに左右されて大切なことを忘れ、軍人らしからぬ行動をとってしまうことも想定される。それは厳重に慎むべきことであって、軍人勅諭に従って行動するにはどうしたらいいか、具体的に教えよう」という意味のことが記されている。「敵の財産や物資を保護しなさい」、「戦場で酒や女性に心を奪われて天皇の軍隊としての威信を損ねてはならない」などと戒律が並んでいた。

そして、その中に、次の一節がある。

生きて虜囚の辱《はずかしめ》を受けず、死して罪禍の汚名を残すこと勿《なか》れ

この「生きることに執着して捕虜の恥辱にまみれてはいけない、死んで罪人の汚名を残してはならない」という命令だ。同じく戦陣訓にある「従容《しょうよう》として悠久の大義に生くることを悦びとすべし」という価値観と相まって人々を縛りつけ、人命軽視のバンザイ突撃や民間人を含めた集団自決につながったという批判が、主に戦後になってから噴出した。

「戦陣訓」を燃やした大西少尉

実際に、当時の新聞各紙は戦陣訓精神を煽った。昭和一八年五月にアッツ島の守備隊が全滅した時、読売新聞は「戦陣訓・人外の孤島アッツに生く」（一九四三年五月三一日付朝刊）と見出しを打ち、「永遠の大義に生く、北洋の涯《はて》の孤島に精強皇軍の神髄は惜しみなく顕現された」と称賛した。また同日の朝日新聞も「一兵も増援求めず。烈々、戦陣訓を実践」という見出しを掲げ、「よく皇軍の神髄を発揮して玉砕、全国民に深い感銘を与へたのである」としている。

少なからぬ当時のメディアが、戦地においては死を選んで「悠久の大義」とやらに生きることを、戦陣訓の実践だとして美化していたことは間違いない。東京日日新聞社と大阪

毎日新聞社は、一九四一年に『解説「戦陣訓」』という冊子まで発行し、こう持ち上げた。

『『戦陣訓』の大文章は、帝国軍人の守るべき大則を明示したものであるのみならず、一般国民にとつても、行くべき大道を示した『国民訓』である」。つまり、戦陣訓が求める軍人としての倫理を、国民も範として実践せよと迫ったのだ。


話を戻すが、大西少尉は「戦陣訓」を持っているかと野中たち新米兵士に質《ただ》した。野中たちは、肌身離さず持ち歩いていたそれを慌てて差し出した。

すると大西少尉は、全員の「戦陣訓」を一ヵ所に集めさせ、燃やしてしまったのだ。あっけにとられる野中たちに、こう言ったという。

「いいか、帝国軍人には天皇陛下から賜《たまわ》った軍人勅諭がある。それで十分だ。あとから作った戦陣訓など必要ない」

野中は衝撃を受けた。しかし大西少尉が「戦陣訓」の精神を憎む気持ちもどこかで理解できた。部隊近くの空港からは、神風特攻隊に志願した若き兵士たちが、頻繁に前線へと旅立っていった。二〇歳にもならない若者が、支給された酒やタバコを持ってきて、「明日、旅立ちますからもらってください」と言って置いていった。

「なぜ、優秀な若者を、負けが分かっている戦争で、あんなにも犠牲にしなければならなかったのか。特攻隊、バンザイ突撃、集団自決……大西さんは、死ねという命令を正当化した戦陣訓に腹が立っていたんでしょう」

生前の野中は私に、大西少尉の心情を推察して聞かせてくれた。

「東條たちが軍人勅諭にない言葉で兵士に死を求めては国を誤る。実際に、大きな過ちをおかしている、という思いもあったに違いない」

日本軍は、日露戦争までの勝利にとらわれて、連合軍に白兵突撃を挑み続けた。実際に全滅する被害を受けながらも、その現実を受けとめて反省するどころか、全滅を「玉砕」という言葉で美化した。無謀で無知な精神論が日本人を縛りつけていた。

大西少尉は、人命を軽視した軍部の精神論に嫌気がさしていたのだろう。生き残らなければ、国の再興もないのだ。偏狭な精神論に支配された日本軍の戦争は、外交による和平交渉をいっさい忘れ、自滅の覚悟をもって戦えば敵が狼狽するかもしれないという、まったくもって非合理で稚拙な精神論に活路を見出していた。

だからこそ軍部は、壊滅的な沖縄戦の後も、原爆を投下されてからも、本土決戦に向けて準備を進めた。野中の部隊は、まさにその戦いに対峙させられようとしていた。高知県の土佐湾から上陸してくるアメリカ軍の迎撃が任務だった。今から考えれば、勝利などあり得るはずがない。それでも野中たちは、士気旺盛だった。「天皇陛下のために死ぬことは名誉なことだ」と信じていたからである。

父は朝鮮人女性を雇い続けた

野中は一九二五（大正一四）年一〇月二〇日に京都府船井郡（現在の南丹市）園部町の農家に生まれた。長男で、下に妹が三人、弟が二人いる六人きょうだい。四反あまりの田んぼを持つ自作農で、比較的恵まれた環境で育った。父親の北郎はもの静かな人物だったが、戦災孤児を自宅に呼んで世話をするなど、社会的弱者に心を寄せ、支援に尽力する人物だった。

本書の執筆に際し、私は弟（三男）の禎夫に会いに園部町を訪れた。容姿風貌が野中とよく似ている。声のトーン、相槌を打って唸るときの響きまでそっくりだ。目をつぶって話していると、野中本人と相対しているようにさえ思えてくる。

「実家の近くにあった戦災孤児の施設には、多い時は四〇人から五〇人くらい入所していました。盆と正月になると、彼らは親戚の家に泊まりに行くんだけど、親戚もなくてどこにも行けない孤児が一〇人から一五人くらいはいた。そうすると両親は必ず彼らをうちに連れてきて食事をふるまうんだ。それも、普段、われわれが食べられないようなすき焼きとか、小豆のおはぎなんかを出して。この日のために、畑で小豆を育てていました。母は朝早くから準備してね。

そして、われわれ兄弟にはこう言うんです。『きょう、お前たちは料理に手を出しちゃいけないよ。いつかまた食べさせてあげるから』と。われわれ兄弟も食べ盛りでしたから、いいにおいがするとつらくてね。でも、弱い立場の者を最優先するというやり方は、われわれのその後の人生のためになりましたね」

父親の北郎は、近くの兵器工場やマンガン鉱山で働く朝鮮出身の女性を子守に雇っていた。野中の額には傷痕がある。それは野中が赤ん坊の時、子守に来ていた前科八犯の朝鮮人女性「おわきばあさん」が、おぶった野中が泣くたびに、タバコのキセルで叩いたためできた傷だという。そういうことがあっても、北郎は朝鮮人女性を雇い続けた。弱者への思いやりが高じて、保証人になって借金まで背負ってしまうこともあったそうだ。

母親ののぶは厳しく、そして優しかった。「結構しっかりしていて、年は若かったけど、考え方も立派」（『社会科学』二〇〇五年九月号 私の「園部時代」庄司俊作）だったと野中は述懐している。家を切り盛りし、子供たちをしっかりと育てた。

のぶは教育に熱心で、野中は、一九三八（昭和一三）年、京都府立園部中学へ進んだ。小学校を卒業したら働きに出るのが一般的だった時代である。進学組は町内で、わずか二人だけだった。

人間を兵器に変える教育

しかしちょうどこの頃から、日本全体に軍靴の音が響き始める。一九三七年七月の日中戦争勃発をきっかけに、学校では軍国主義教育が強化された。第一次近衛文麿内閣は、一九三七年八月から国民精神総動員と銘打って、「尽忠報国」、「挙国一致」、「堅忍持久」をスローガンに掲げ、物心両面で戦争を遂行するための体制整備を進めた。

一九三八年には国家総動員法が成立。すでに一九二五年から陸軍現役将校学校配属令によって、学校教育の場に軍事教練が導入されていた。戦争への総動員を精神面から支えるべく、教育によって国民を兵士化し、軍事的に統合する政策がさらに徹底された。一九四一年には学校教練の目的などを示す要綱が定められている。

一、教練ハ学生生徒ニ軍事的基礎訓練ヲ施シ至誠尽忠ノ精神培養ヲ根本トシテ心身一体ノ実践鍛錬ヲ行ヒ以テ其ノ資質ヲ向上シ国防能力ノ増進ニ資スルヲ以テ目的トス

二、学校教練ハ其ノ目的達成ノ為左ノ要綱ニ依リ訓練シ其ノ成果ヲ学生生徒ノ全生活ニ具現実行セシムベキモノトス

（一）国体ノ本義ニ透徹シ国民皆兵ノ真義ニ則リ左ノ徳性ヲ陶冶スベシ

（イ）礼節ヲ重ンジ長上ニ服従スルノ習性
（ロ）気節、廉恥ノ精神、質実剛健ノ気風
（ハ）規律節制、責任観念、堅忍持久、濶達敢為、協同団結等ノ諸徳
（ニ）旺盛ナル気力、鞏固ナル意志、強靭ナル身体ヲ鍛錬スベシ
（三）皇国臣民トシテ分ニ応ジ必要ナル軍事ノ基礎的能力ヲ体得スベシ

戦時体制下の「教育」とは、戦争を遂行する国家に従順な人間をつくり上げ、さらに人間を兵器に変えることだということが如実に伝わってくる。

そういう教育の成果であろう、野中は軍国青年へと成長していった。アメリカとの戦争に突入した一九四一（昭和一六）年一二月八日、旧制中学の三年生になった野中らは、登校すると校庭に集められ、校長から開戦の知らせと、真珠湾攻撃の劇的な成果を聞かされた。その日、園部には寒風が吹きすさんでいたが、野中は「ついにやったか！」と興奮し、校長の話を感動をもって聞いたという。

教育現場では、教師よりも、時に配属将校のほうが大きな力を持つようになった。連日の軍事教練では、戦史を学ぶほか、射撃や手旗信号、距離測量、実戦を想定した演習も行われた。また出征兵士の農家へ行って、農作業を手伝うことも義務づけられていた。軍事

教練で鍛えていたとはいえ、さすがの野中も日々疲れ果て、夜になると眠気に襲われて勉強が手につかなかったという。

学校では、勉強よりも軍事教練や農作業に割かれる時間が増えてきた。せっかく両親の後押しもあって旧制中学に進学したのだから、しっかり勉強したい。「お国のために戦うことは大切だ。しかし、勉強も大事だろう」。当然の思いが、野中の心に広がるようになる。

弁論大会で吐き出した「異論」

昭和一七年、園部中学で弁論大会が開催された。野中は、これから社会にどう貢献するべきかなどについて語っているうちに、日頃の疑問がこみ上げてきた。いくらかの批判の気持ちを込めて、こう発言した。

「学生の本分は学問ではないでしょうか。しかし、我々は毎日、竹槍訓練と農作業ばかりしています……」

先を続けようとすると、すぐさま、聞いていた配属将校の怒声が響いた。

「停止！　停止！　降壇しろ！」

野中は、その将校と、もう一人の教師に演壇から引きずり下ろされた。

後に野中は、「あの弁論大会が政治家としての原点だった」（『リベラルタイム』二〇〇八年九月号）と語っている。権力が作り出した強圧的な体制下で、社会全体が「こういう時代だから仕方がない」と追随する時代に、同調を強いる空気に対してまず違和感を抱くという感性は、野中の後の政治姿勢にも一貫する。弁論大会は、以後の野中の価値判断の羅針盤となったと言えるだろう。

そして、思ったことを直截簡明に口に出すという点は、よかれ悪しかれ、野中の否応ない性分だ。その気概と発信力が、状況を切り拓き、後の権力闘争を生き抜くための武器となったことも確かだろう。

弁論大会での行動には、野中の本質が現れていたのである。

しかし若き日の野中の資質は、教育によってすぐさま矯正された。演説は、配属将校と教師から厳しく叱責され、周囲の生徒からも白い目で見られた。野中は、「批判は許されない、いけないことなんだ」と改めて実感したという。

野中が旧制中学を卒業する一九四三年の夏、朝日新聞は「学窓から戦場へ」という企画記事を連載している。

「学窓から戦場へ――それはただ一直線に通じているのだ。そしていま若き悲憤は大和魂に徹したアッツ島の勇士を追って――我こそはの闘魂を漲《みなぎ》らせている」

このような記事は、いかに国全体が学生の兵士化を促していたかのあらわれであろう。

メディアもまた戦争遂行国家に極めて従順であり、その宣伝を買って出ていたのである。政府が学生の兵士化を進める時代潮流の中で、野中はまたその価値観を受け入れ、軍事教練に励み、国のために死ぬことが男子の本懐なのだと自らに言い聞かせるようになった。

一九四三年、野中は旧制中学を卒業し大阪の国鉄に就職したが、召集令状、いわゆる「赤紙」を一日千秋の思いで待ち続けた。知り合いが召集され、「バンザイ！　バンザイ！」と送られて戦地に向かう姿を見ては、「どうして俺のところには来ないのだろう」と嘆いた。ようやく、その赤紙が届いたのは、アメリカ軍による本土攻撃が計画されていた戦争末期、一九四五年一月だった。「これで俺も一人前になった」と、野中は小躍りして喜んだ。

2　軍隊と暴力

「人間らしさ」が破壊された社会

勇んで入った軍隊は、厳しい訓練と暴力が支配する世界だった。野中が所属した第55軍は、一九四五年四月に本土防衛のために創設された。徳島県小松島と高知県の物部川左岸より東の平地に配備された第155師団と、満州から配置転換となり高知平野周辺に展開していた第11師団によって構成されていた。

第11師団の初代師団長は日露戦争で二百三高地を陥落させたことで有名な乃木希典《のぎまれすけ》だった。一九三二年、第11師団は上海事変に派遣され、その後、満州に駐屯し、抗日パルチザン掃討作戦などを展開した。

野中によると、満州から来た第11師団の兵隊たちは荒くれ者が多かった。

「お前らはなまっちょろい！　気合を入れろ！」

「満州帰り」の古参兵たちは、そう怒鳴りながら、野中たち新兵をことあるごとに殴った。彼らは上官の言うことさえも聞かなかった。

軍隊内部の階層と力関係の実態は、作家・山本七平の『私の中の日本軍』でも生々しく描かれている。山本は、大学を卒業した直後の一九四二年一〇月に徴兵され、野中が召集された頃は、砲兵部隊の将校となってフィリピンのルソン島で戦っていた。

「鉄の軍紀の根幹であるはずの階級そのものが、少なくとも兵隊の社会では完全に無視されていた。兵隊は、下からいえば、二等兵・一等兵・上等兵・兵長という階級であり、『下級の者は上級の者に従うべき者』と定められていながら、兵隊の実際の階級秩序は、初年兵・二年兵・三年兵という一種のカーストで成り立っていた」（上巻・文春文庫）

兵隊の世界は「星の数よりメンコの数」と言われた。「メンコ」とは飯盒《はんごう》の蓋のことで、食事を意味する隠語だ。つまり、階級を示す襟章の星の数より、軍隊で何年メシを食ったかが実態としての階級だったのだ。「万年一等兵」でも「古兵殿」と呼ばれ、その不文律には将校も口をはさめなかった。

「日本の軍隊は、タテマエの秩序とは別の秩序が内在しており、これこそ自然発生的な土着の秩序であって、それが天皇の大権に基づく秩序を頑としてはねのけるほど強かった」(同前)。

「タテマエ」ではあってはならないはずなのに、厳然と存在していたものが、暴力である。新兵がまず送り込まれる内務班の生活では、古兵による「リンチ＝私的制裁」が黙認されていた。「新兵と畳は叩けば叩くほどよくなる」と言われ、徹底的な暴行が横行した。なぜそこまで殴るのか。作家の安岡章太郎は、自らの軍隊経験をもとに描いた小説で、次のように説明している。

「軍隊では「考える」などということで余計な精力を浪費させないためにも、殴って殴りぬく」(『舌出し天使・遁走』小学館)

軍隊では、戦場において命令を条件反射的に実行する兵士が必要だった。戦場に憐れみや優しさはいらない。「人間らしさ」を徹底的に破壊することで、兵士は優秀な兵器と化すのだ。人間社会の関係性というものは、本来、言葉が媒介し、言葉によって形成される。

しかし軍隊では、「はじめに言葉ありき」ではなく、「言葉なし」が出発点だった。言葉を奪うことによって秩序と攻撃性を担保した。暴力はそのための必要悪なのだ。

内務班の生活は早朝の起床ラッパから始まり、雑用、食事の片づけ、演習、掃除、洗濯、身のまわりの整理整頓、銃の分解手入れ……「無益な、何度でも際限なしにくりかえされる作業が兵営生活のあらゆる細部に一から十までつきまとっており、それがすべて「訓練」という名目で正常化されている」(安岡・同前)。

一連の作業の中で失敗があれば殴られる。気に入らないと言われて殴られる。自分の失敗が連帯責任となれば仲間たちも殴られる。怒られ、恨まれ、神経をすり減らす。そして夜の点呼の後に、一日を総括して「リンチ」を受ける。激痛に耐えながら寝たと思うと、朝の点呼となる。恐怖と緊張、極度の過労で、思考力はストップする。

「もうどうにでもなれといった諦めが奇妙な相乗作用となり、まるで催眠術にかけられたように、歩けといわれれば歩き、撲れといわれれば撲り、靴の底や痰壷をなめろといわれればなめ」ると、山本は前述書の中で書いている。

「員数主義」と「精神主義」

軍部は、タテマエとしては「リンチ」を強く戒めた。一九四二年以降、徴兵を強化せざるを得なくなる現実の一方で、軍に対して国民の理解が得られない状態、つまり「軍民離間」を招かぬように、軍部は神経を使った。「軍民離間」の重大な原因の一つは、民間に広まった軍隊内部の「リンチ」の噂だったのである。

だが、リンチはなくならなかった。これも山本の証言だが、「リンチ」撲滅が厳命され、隊長が毎朝のように「撲られた者はいないか、いれば正直に手をあげよ」と命ずる。しかし顔面が腫れ上がるほどのリンチを受けた者も、手を挙げない。手を挙げればまた半殺しの目に遭うという恐怖心ゆえである。そして「挙手なし」と報告されてしまうのだ。

この形式的な辻褄合わせを、軍隊の「員数主義」という。「員数」とは物品の数を指す。「員数」が合っていると報告さえすれば、「実体」がなくてもその報告は形式として認められ、タテマエの上に立脚した虚構の世界ができあがる。

「形式化した軍隊では『実質より員数、員数さえあればあとはどうでも』という思想は上下を通じ徹底していた。員数で作った飛行場は、一雨降れば使用に耐えぬ物でも、参謀本部の図面には立派な飛行場と記入され、また比島方面で○○万兵力を必要とあれば、内地で大召集をかけ、なるほど内地の港はそれだけ出しても、途中で撃沈されてその何割しか目的地には着かず、しかも裸同様の兵隊なのだ」（小松真一『虜人日記』ちくま書房）

南太平洋では、圧倒的な火力と十分な食料をもって反撃するアメリカ軍こそが「実体」

であり「実質」だった。「員数はあるが実質のない」日本軍は、当然のように破壊され続けた。敗走し、多くの将兵が命を落としていった。それでも日本軍は、合理的に考えれば埋まりようもない「員数」と「実質」の隔たりを、もはや病的ともいえる精神主義で埋めようとしたのである。

前述したように、日露戦争以来、陸軍は学習することなく白兵突撃主義を貫いた。第二次世界大戦末期においても、民間人には竹槍をもたせ、「竹槍三百万本あれば列強恐るるに足りず」（陸軍軍人・荒木貞夫の一九三三年の発言）を実践して、本土決戦に備えさせたのである。そして、最後は特攻隊だ。軽量の零戦に二五〇キロ爆弾を積み込み、未熟なパイロットが古びた戦闘機や爆撃機に乗って敵艦に体当たりした。途中で待ち構える敵の戦闘機に撃墜されようが、対空砲火に晒されて火だるまになろうが、出撃させれば、それでよし。指揮官は作戦を実行しただけで任務の帳尻が合う。「実質」としての戦果は問われず、特攻隊の出撃は終戦まで続いた。

野中が所属していた第55軍の兵力は九万八〇〇〇を超えたという。「員数」からいえば上陸してくるアメリカ軍を迎撃するに十分ということになるが、「実体」は記録に残されていない。野中が支給された軍刀は竹光《たけみつ》だったという。水筒はアルミではなくゴム製だった。軍靴は支給されたが、「それは死んだときに履け」と言われ、普段は地下足袋だった。

「おかしいぞ」

士気旺盛だった野中も、この時期に至ると「嫌な予感」が頭をよぎった。参謀たちが机上で「員数」をそろえた第55軍の編制だったが、その虚構性は推して知るべしだ。員数と実体の溝は、兵士の惨たらしい死によって埋められていったのである。

野中は、その死の淵に落ちる寸前にいたことになる。

3 一色に染まる人々の責任

日本の精神風土への不信

「あの頃は、国全体が戦死することを讃えて軍国主義一色でした。日本人はパーっと一色に染まってしまう風潮がある。そういう習性を持っているんです」

野中は敗戦までを振り返り、日本人の国民性をこう批判した。同時に、一色に染まってしまった自らを猛省してもいた。

「旧制中学の演説会で学校教育の在り方について批判したものの、怒られたことで、萎縮もしたし、すっかり染まってしまった。恥ずかしながら、絶対に負けるわけはない、いつか神風が吹いて日本は勝つと真剣に信じていた」

弁論大会の演壇から引きずり下ろされた体験は、空気に抗って正直な違和感を吐き出したという意味では野中の政治家としての原点だったが、怒られて矯正されたというその後のなりゆきは「一色に染まる」自分を炙《あぶ》り出してもいたのだ。今考えれば、配属将校とともに野中を降壇させた教師や、そんな出来事を黙って見ていた親たち、そして子供にさえ自由にものを語らせない学校や社会の環境は、異常だったと言うしかない。

自らに対する野中の戒めの言葉は、日本社会全体にも向けられている。何かきっかけがあれば、たちまち一色に染まってしまう日本の精神風土への不信は、野中の脳裏から去ることは生涯なかっただろう。「鬼畜米英」の戦時下から「米英礼賛」の戦後まで、「一身にして二生」を生きた野中の世代は、真剣に「二生」に向き合えば向き合うほど、そのギャップに苦しんだに違いない。そして苦しめば苦しむほど、抵抗なく「二生」を受け入れて平然としている人々への違和感を募らせたことだろう。

玉砕も特攻も、三〇〇万同胞の死も、しかし、軍部だけの責任ではない。多くの国民がそれを許し、日々支えていたのである。内心では反対していたと戦後になって言っても、同時代において黙認していた事実は変わらないのだ。戦陣訓が「生きて虜囚の辱を受けず」

と教える以前に、多くの国民が、捕虜となって生きる者を許さなかったのである。

実際に、戦陣訓が徹底されていない現場も多かったようだ。満州事変を画策したことで知られる陸軍軍人・石原莞爾は、東條と徹底的に対立し、京都の第16師団長だった時に、冊子となって大量に送られてきた「戦陣訓」を、すべて倉庫に片づけてしまった。陛下から賜った「軍人勅諭」がすべてだとして、「戦陣訓」を無視したというエピソードを、歴史家の保阪正康が紹介している（『昭和の怪物　七つの謎』講談社現代新書）。これは、「戦陣訓」を燃やしてしまった大西少尉にも共通する考え方と言えるだろう。

また、前出の山本七平も「私は『戦陣訓』など読んだことはないし、部隊で奉読されたこともない」（『私の中の日本軍・上巻』）と記し、戦陣訓が兵士を魔術のように支配し、捕虜となる兵士に死を選ばしめたというのは、戦後のメディアが作り上げたフィクションだと指摘している。

陸軍に召集され、満州に派遣された前出の安岡章太郎は、次のように書いている。

「私自身も一年半の軍隊生活で、『戦陣訓』を強制的に読まされたり、講義されたりしたことは一度もない。（中略）『戦陣訓』は、無くてもすむものであった。生きて虜囚のはずかしめを受くることなかれ、などと改めていわれることも、いったん捕虜になれば、たとえ原隊に帰ってきても自決させられるものと覚悟しなければならなかったし、仮にそれを許されて無事に除隊することができたとしても、郷里に帰れば村八分のような目にあうだろうし、ちゃんとした所には就職もできない、生涯、兵歴をかくしたまま、大都会の片隅か、日本人の誰もいない外地ででも暮らすより仕方がない、そういうことは、当時は兵隊でなくとも一般市民が常識として誰でも心得ていた事柄である」（同前・解説）

「何とか生き残れ」ではなく、「潔く死ね」という精神は、けっして戦陣訓だけが強いたものではないのだ。むしろ、戦争を批判する人たちを「非国民」と罵り、捕虜となった兵士の家族を村八分にするような国民の内面にすでに培われており、戦陣訓はそこに乗じたというのが実態だったのではないか。

国民がテロを支持した

日本が軍国主義に向かう潮流をつくり出したとも言える戦前のテロを容認したのも、実は国民なのだ。昭和七（一九三二）年に起きた五・一五事件で、海軍の青年将校らが当時の首相・犬養毅を暗殺した際、被告への減刑嘆願書が数多く寄せられた。

「昭和八年九月十九日の陸軍側判決の日までに提出された減刑嘆願書は、陸軍当局の非公式発表によれば、総計三十五万七千三百八十八通に達したという」（『検察秘録五・一五事件Ｉ匂坂資料１』）。

青年将校たちに対して同情論が噴出した背景には、恐慌が日本経済を痛打し、農村や中小企業の荒廃がひどく、貧困層の娘が身売りを余儀なくされていたという社会情勢があった。そういう危機的状況に対して、政党は事態打開の力を持ちえずに権力闘争に明け暮れ、財閥は富を独占して肥大化していた。こうした事態は「支配階級の腐敗と堕落」だと国民の不満が広がっていったのだ。

「五・一五事件の減刑運動は澎湃《ほうはい》として一箇の国民運動にまで発展した」（角岡知良「非常時の非常時犯」「文藝春秋」一九三三年一〇月号）

世論の力に圧《お》され、裁判において五・一五の被告はほぼ全員禁固刑とされ、最長でも一五年という軽いものだった。そして軍部は、国民がテロを支持したことを利用して、軍事主導体制を構築していく。

言論統制も国民の黙認なくしてはあり得なかった。野中が弁論大会で演壇から引きずり下ろされた一九四二年以降、戦局は悪化の一途をたどった。開戦以来、南太平洋に侵攻していた日本軍だったが、一九四二年六月のミッドウェー海戦で大敗し、それが転機となって著しい劣勢となる。同年八月から始まったガダルカナル島の攻防戦でも敗北し、年末には大本営は同島からの撤退を決定する。

国内経済はいよいよ苦しくなった。海外物資の補給路も先細りとなり、鉄鋼生産をはじめ物資の供給が急減した。国内、戦地ともに物資、食糧不足に苦しむ一方で、一九四二年には、「欲しがりません勝つまでは」が国を挙げての標語となった。

こういう時代推移の中で、一九二五（大正一四）年に成立した治安維持法は改定を重ねて強化・厳罰化され、共産主義者に限らず、反戦、反国家的な思想や行動、リベラリストやキリスト教徒までが取り締まりの対象となった。

治安維持法下の暴虐

最近では、このような戦時期の日本のイメージを修正しようとする動きが活発化している。戦前に読まれていた国民大衆雑誌『キング』には軍国主義的色彩がなかったとか、「花の東京」を朗らかに歌う「東京ラプソディー」が戦前に流行っていたという世相を恣意的に切り取って、「（戦争で）劣勢に追い込まれる昭和一九年ぐらいまでは、日本の社会にはまだ「自由」の息吹はあった」（渡部昇一『本当のことがわかる昭和史』ＰＨＰ）とみなすのである。

だが、これは本当だろうか。

私は野中に、「戦前も、世間には自由な雰囲気があったという学者や論者たちがいますが、本当にそうでしたか？」と訊いたことがある。すぐさま強い口調でこう否定された。

「そんなことはありません。軍国主義一色です。民主主義的な雰囲気はない。映画館もやっていたけど、ほとんどが戦争に勝っているという宣伝ばかりだった。戦争に反対だった人もいるでしょう。しかし、そんなこと大っぴらには言えません」

治安維持法で検挙された人の数を見ると、野中の証言が歴史の真実を伝えていることが理解できる。昭和五年の検挙者数は六一二四人となり、昭和六年から昭和八年になると一万人を超えた（奥平康弘『治安維持法小史』岩波書店）。特に昭和八年の検挙人数は一万四六二二人で最多となっている。街では「東京音頭」とおもちゃのヨーヨーが大流行した年だ。その明るさの裏側で、共産党員に対する弾圧は苛烈を極め、プロレタリア文学の旗手であった作家の小林多喜二は二月に逮捕され、拷問によって死亡した。一一月に逮捕されたマルクス主義経済学者の野呂栄太郎も、翌年二月に拷問によって病状が悪化して死亡している。

政治学者の丸山眞男は、まだ旧制高校三年になったばかりだったが、やはり昭和八年に逮捕、勾留された。父親と知り合いの学者が会長を務めるマルクス主義の研究会が講演会を開くことを街中でたまたま知り、会場に足を運んだところ、開演直後に警察が解散を命じ、丸山は本富士署に連行された。丸山は、釈放されてからも常に監視されているという恐怖に怯え続けたという。

丸山はインテリの卵であり、普通の学生よりは社会に対する知的探求心も高かったであろう。しかし、政治活動家でもなければ、社会的影響力があるわけでもない。そんな旧制高校三年生に対し、刑事は容赦なく殴る蹴るの暴行を働いた。つまり共産主義者だけでなく、「共産主義的な傾向を持つ者」から「政府への批判的態度を示す者」に至るまで、幅広く「非国民」というレッテルでひと括りにして弾圧した。それが治安維持法下の時代なのである。

国家の暴力を前にして、対抗する暴力を持たない個々人の信念はやはり弱い。戦前の、政府に批判的な勢力は、萎縮し沈黙を余儀なくされた。「屈する方が悪い。根性がない」という批判は、暴力の恐怖に対してあまりにも考慮を欠いている。私たちは想像しなければならない。国家権力によって容赦なく与えられた肉体的苦痛と精神的屈辱が、抵抗しようのない個人の信念や夢をどれだけ打ち砕き、不安と屈辱のどん底に叩き落したかということを。

何よりも問題なのは、多くの国民がその想像力を失い、あるいは感知すらせず、「政府批判」の萎縮と沈黙を黙認し続けたという現実なのである。

丸山は、釈放された時のことを思い出して次のように書いている。

「最初に留置場から釈放されて、街灯のついた本郷通りを出たときに私の頭を瞬時にかすめたものは、本富士署の壁一つへだてた「内」と「外」との二つの世界の極端な対照だった。内では凄惨なゴウモンと悲鳴、外では寮歌のひびきと、バヽナヽ屋が客を呼んでいる陽気な声！」（丸山『自己内対話』みすず書房）

「凄惨なゴウモン」と同時に「圧倒的多数の国民の平凡で静かな毎日の生活」（同前）が並行して存在していることに、丸山は違和感と恐怖を抱いた。時の政治権力に追随する者、その暴虐に無関心な者は、いつの時代も「陽気な声」で歌い、語り、興じるものだ。その一面をもって、「自由の息吹」が存在したと称揚するのは脳天気にすぎるし、もし歴史を書き替える意図があるとすれば、悪質なデマゴギーなのだ。

いつしか「陽気な声」は、政府とともに「批判勢力」を抑圧するようになったことだろう。野中が指摘するように、国民が自ら「軍国主義一色」に染まったのである。権力に追従する国民たちは、近所の「反権力的動向」を監視し、芽を摘まみ出した。戦時下の隣組制度はその象徴であろう。

監視し、密告する「隣組」

昭和一五年に東京で出版された『私たちの隣組』という冊子にはこうある。

「国家総力戦、一億一心、万民翼賛、等々表現の仕方はいろ〳〵になつて居りましても、結局全国民の協力一致、一糸乱れざる結束の力の大なる事でありませう。

今は日本帝国の振古未曾有の非常時であります、今までのやうに自由思想にとらはれてめいめい気まゝに行動してゐてはならない」

隣組は昭和一五年に制度化された。戦争遂行のための体制翼賛政治を、国民の草の根レベルに定着させる地域組織だった。冊子には、隣組の常会の議事録として、こんなやりとりも収められている。

「空襲警報のあつた時、遮光紙の小さな穴から光りが漏れて警告を受けたが、自戒だけでは万全は期し得られない、相互に相戒しめ気をつけあつて防空陣の完璧を期さなければならぬとのお話、鈴木さんも『それは全くさうだ』と共鳴して居られましたが、どうも光りのもれたのを頓着しない家があつても制裁の方法がないから困つたものですと、どなたかがいはれた時、岸田さんはすぐ『制裁は須らく自然的にやるがよい、光がもれてゐるやうな家へは爆弾でも焼夷弾でもおちたといふ想定にして、水をかける、避難させるといふやうにやつてゆけばいゝぢやないか』と強硬な意見の発表をされました」

高高度を飛ぶアメリカの爆撃機から見えるはずもない、家庭の小さな明かりをめぐって、大の大人たちが真顔で議論する姿は滑稽だ。しかし上記の引用文が深刻なのは、隣組が互助システムであると同時に、個々人の行動の細部にまで干渉し、監視し、制裁まで行うシステムだったことが分かるところにある。「反戦」、「反政府」発言は、隣組によって当局に密告される場合も少なくなかった。

野中たちを教育した配属将校、将校と一緒になって野中を演壇から引きずり下ろした教師、冊子に描かれた隣組のリーダー、さらに職場や地域の顔役、小売店の店主、中小の企業や業界団体のリーダー、役所の官吏など、社会の「中間層」に属する多くの人々が権力と一体化して、戦争の片棒を担いだ。「中間層」とは、丸山が戦後すぐに、戦争を遂行した体制を分析する際に用いた言葉だ。丸山は『超国家主義の論理と心理』などの論文で、自らの戦争体験を起点にして、日本的な軍国主義がいかに形成されたかをとらえようとした。

「中間層」は、政治権力から見れば明らかに支配される側であるにもかかわらず、彼らの日常的なコミュニティにおいては支配者であり抑圧者となっていた。彼らこそが戦時体制の重要な担い手であると、丸山は見極めた。

「国のために死ぬことが栄誉」と野中に思い込ませたのは、「生きて虜囚の辱を受けず」と命じた「戦陣訓」以前に、「中間層」が政治的権力に加担してつくり上げた「世間の常識」だったとも言えるのではないだろうか。

4　大西少尉との再会

敗戦時の「軽挙妄動」をどう防ぐか

アメリカの統合参謀本部は一九四五年五月に、日本本土侵攻計画の最終案をとりまとめた。この侵攻計画全体を「ダウンフォール作戦計画」とし、同年一一月一日を決行日と定めた。南九州の志布志湾沿岸、吹上浜、宮崎沿岸の三地点から上陸侵攻を目指す「オリンピック作戦」と、一九四六年三月一日を実行日とした関東侵攻のための「コロネット作戦」によって構成された。

九州侵攻のための「オリンピック作戦」では、陽動作戦として上陸二日前に米第9師団のうちの二個師団八万人が、四国南部に艦砲射撃をし、その後、上陸して空港などを占拠する計画だった。

野中が所属した、第55軍も、アメリカ軍によるこの侵攻を予想していた。四国防衛について詳述した『土佐湾本土決戦史』(山崎善啓著)によると、第55軍は一九四五年四月に編制され、司令官はジャワ派遣軍最高指揮官だった原田熊吉中将だった。司令部は当初高知市内に置かれたが、六月末には長岡郡新改村、現在の土佐山田町新改に移った。

発足当初は第一次動員により、第155師団と、先に触れた満州から転任の第11師団が高知に展開した。五月に入って、アメリカが四国に上陸する公算が大であると予想されるようになると、第二次動員として広島の第205師団、さらに第三次動員として第344師団などが編入された。第55軍の直轄部隊二万人と各師団の衛生部隊などを含めると、総兵力はおよそ一二万に上った。

野中が所属した第155師団配下の第452連隊は、高知、徳島を中心に四国出身の兵士が多かったが、初年兵は野中のように京都、滋賀など関西出身者が多かった。連隊長の山本孝男大佐は中国の部隊から五月上旬に丸亀に着任した。数ばかりそろえたのが第55軍で、第三次動員に至っては、「まさに根こそぎ動員で、男であれば体が不自由な者以外は誰彼なく集めるといった員数合わせの部隊編成」（『土佐湾本土決戦史』）というありさまだった。

連隊長は経験のない中佐クラス、小隊長も見習士官ばかりで、実戦で兵士を教育した経験がある者はいなかった。まさに日本軍お得意の「員数主義」を地で行く部隊編制で、アメリカ軍が上陸して実戦となれば、沖縄戦と同様に悲惨な結果が待っていたことは確実だろう。

そんな軍の現実を知る由もなく、野中は熱心に軍務に励んだ。連隊は五月一八日早朝、丸亀を出発し、土讃線で高知に向かい、土佐山田駅で下車。現在の香南市香我美町に展開した。野中らは、物部川の河口に至るまでの地域をアメリカ軍の砲撃から守るため、周辺に無数の壕を掘った。そこで使う建材用の材木を運搬するために山中に入り、民家や学校を転々とした。地元の住民も宿の提供、陣地構築や食料の供給などを支援したという。

そして八月一七日、野中は香美郡西川村（その後他町村と合併し、香我美町に）、現在の香南市に移っていた連隊本部に、小隊全員の食料をトラックで取りに行った。その帰りに、世話になった民家に「お茶にでも呼ばれよう」と思って寄ってみると、おばあちゃんがこう言った。

「兵隊さん、寛《くつろ》いだですね」

変なこと言うなと思って、「何が寛いだ？」と訊いた。

「知らんのですか？　広島と長崎にでっかい爆弾が落ちて、天皇陛下が戦争をやめられたんですよ」

野中は驚いて部隊に戻り、四人の仲間たちと「さあ、どうしよう」と話し合った。天皇陛下のために死のうと覚悟を決めていた野中たちは、意気消沈というよりも、頭に血が上っていたという。

「アメリカ軍が上陸してくれれば必ず殺される。同じ死ぬなら、潔く自決しよう」

血気にはやり桂浜に向かったところ、この章の冒頭で触れたように、大西少尉が現れたのである。

「軽挙妄動を慎み、全員復員を果たす」

これは連隊長だった山本孝男大佐の方針でもあった。終戦の聖断がくだったことに動揺し、血気にはやる気持ちは、連隊幹部も同じだった。『香我美町史』下巻には、山本が戦後に語った話が残されている。それによると八月一六日に部下の大尉が宿舎にやってきて、唇を痙攣させながらこう告げたという。

「昨夜から今まで将校が集まり、敵が上陸して来た場合如何なる行動をとるかを議論致しておりましたが決論を出すに至りませんでした。連隊長殿は如何《いかが》決心をし如何に処置なされますか」

一戦交える覚悟を聞き出そうとでもしているのか、その大尉の眼は血走り、顔面は蒼白だった。返事の仕方次第では、ただでは済まなくなると思い、山本は、こう返事をした。

「連隊長は軍旗を奉じ敵に突進して之を撃滅する。ついて来るか？」

大尉は我が意を得たりと、表情を和ませて深々と頭を下げ、「よくわかりました」と言った。山本はこう付け加えた。

「私はそのようなつもりだから、部下をよく掌握して、軽率なことをさすなよ」

血気にはやる将校たちの気持ちにひとまず寄り添い、落ち着かせるための時間が必要だと判断したのだ。後年、山本は、その時のことをこう振り返っている。

「(反乱や自殺などを)未然に防ぐ手段として『聖旨に副《そ》い奉る決心を披瀝する』という目的で全員血判し衆心を一致さすことにした。確に効果があり軽挙妄動するものもなく、又時が次第に解決してくれ立派な復員をすることが出来た」(『香我美町史』)

体を張って野中たち五人の「軽挙妄動」を止めた大西少尉は、山本連隊長の意を汲んでいたと思われる。

東條暗殺のために上京した仲間

命を長らえた野中は部隊に戻り、八月二〇日には京都へ戻った。昼間だというのに、京都駅周辺には戦争で家をなくし、家族を亡くした人々が、野宿者となって横たわっていた。異様な光景だったという。

「ああ、ひょっとしたら、この国には革命が起こるかもしれない」

そう感じた野中は、園部町の実家には帰らず、一週間ほど友達の家などを転々とした。身軽になって何をしようとしていたのか、その後の野中が具体的に語ることはなかった。ただし、野中は2005年8月に行われたあるインタビューで次のように明かしている。

「大西少尉に言われたとおり、東條英機を暗殺しようと東京へ行った連中がいました。ぼくにも手紙をくれていましたが、親父が握りつぶしてしまった。作戦は失敗し、死んだ仲間もいます。彼に対して申し訳ないという気持ちで、どれほど親父を恨んだかわかりません。あれからずっと、ぼくは大きな荷物を背負っています」

「東條を殺してから死んだって遅くはない」。大西少尉としては、自決を止めようとして咄《とっ》嗟《さ》に出た言葉だったろう。だがこの言葉は、野中たち五人の心に突き刺さった。京都に戻ってから実家に帰るまでの一〇日ほどの間、実は、野中は仲間との接触を図っていた。

実家に戻ってから後、実際に野中はそのうちの一人の家を訪ねた。だが、その仲間はすでに東條暗殺のために上京した後で、家族からは「死んだかはわかりません」と言われた。そして、その仲間は、一九四五年九月に死んでいた。死因について野中は語っていない。

東京へ向かった仲間からの手紙の存在を、父親からしばらくたってから知らされたことについて、野中はこうも言っている。

「私は知らずじまいだったんですね。これは今、心残りですよ。知っておればね、私も宮城前で腹切ったんじゃないですかね」（『社会科学』私の「園部時代」二〇〇五年九月）

野中が仲間たちの名前やこのことの詳細を明かすことはなかった。野中は、二回目の自決計画を父親によって止められたのである。

その後、少しずつ冷静さを取り戻した野中は、大西少尉から「命長らえたら、この国のために働け。この国の再建に命をかけろ」と言われたことに従うように、京都の復興、そして国の繁栄と安定に人生をかけることになる。「今の自分がいるのは、大西さんのおかげだ」と思う野中は、大西少尉に直接お礼が言いたいとずっと思っていた。出身地は福岡県と聞いていた。人づてに何度も捜したが、再会することはかなわなかった。

「大西少尉は私の叔父かもしれない」

二〇〇四年九月五日、野中は日本テレビの『いつみても波瀾万丈』というトーク番組に出演した。敗戦時に桂浜で自決しようとしたシーンが再現ビデオで放送された。

「この人のお陰で命長らえて、随分捜しましたけど、わからないままです」

野中はそう語り、キャスターが「もしお元気なら、番組に連絡ください」と引き取った。

この番組を、愛媛県で介護施設などを経営する藤井博文という人物が偶然観ていた。

「この話……聞いたことがあるぞ」

野中のエピソードを聞いて思い出したのが、自分の母親の弟である叔父のことだった。軍人だった叔父は、終戦の時、血気にはやる若い兵士らを殴って復員させたと言っていた。所属する連隊は高知県にあったとも話していた。

「野中さんが話していた大西少尉とは、私の叔父かもしれない」

藤井は早速、日本テレビに電話を入れた。野中のもとに日本テレビの担当記者から連絡が入り、藤井と連絡がついたのは翌一〇月だった。

藤井の叔父の名前は「大西清美」、すぐに野中が探し続けていた「大西少尉」であることの確認が取れた。しかし大西は、一九八八（昭和六三）年一〇月二六日、七二歳ですでに他界していた。

「できるだけ早く、お墓参りをさせて欲しい」

野中は、そう申し入れたが、丁度この頃、四国を台風が直撃し、すぐに訪ねることができなかった。結局、野中が大西家を訪れたのは、翌二〇〇五年五月八日だった。

私は二〇一五年九月に、都内で藤井に会い、詳しい話を聞いた。

藤井は学生時代に、戦没学生の遺稿集『きけわだつみのこえ』を読み、若い兵士たちが上官たちの卑劣で凄惨な暴力にさらされていたことを知った。優しかった叔父も陸軍の将校だったので、戦時下の軍隊生活では暴力を振るっていたのだろうかという思いにとらわれるようになった。人間とはそこまで変われるものなのか、たまりかねて直接、叔父に訊いてみたのだという。

「叔父さんも部下を殴ったりしたの？　軍隊で上官はそんなにひどい存在なの？」

すると叔父は首を横に振りながらこう答えた。

「自分は殴られたことはあるけれど、殴ったことはないよ。殴る人は多かったが、決して殴らない上官もいたんだ。ただ、一回だけある。終戦の時に、数人の兵士が手榴弾で自殺しようとしていると聞いて、急いで馬に乗って追いかけて、殴って蹴ってやめさせたんだ。その時、最後の命令だと言って、戦争を始めた東條がまだ生きている。死ぬ勇気があるなら東京に行って殺してこいと言ってやめさせたんだ。私が部下を殴ったのは、それが最初で最後だよ」

藤井は、ほっと胸をなでおろした。救われたような気持ちにもなったという。そしてその叔父は、最後に懐かしそうにこう言った。

「彼らは無事復員したはずだけど、どうしているのかなあ」

軍隊生活については、訊いても詳しく語ることはなかった。その叔父から、めずらしく終戦直後の話を聞いたので、印象に残っていたそうだ。

「大西さんは、青年時代に九州の八幡にいる知り合いの家で遊んだ思い出話を、軍隊でもよくしていました。その話を聞いていたので大西さんは九州出身と思い込んでいました」

こう野中は藤井に説明したという。本書にこの話を記すにあたり、私は改めて藤井に話を聞こうと思ったが、すでに鬼籍に入られていた。

戦争に生き残ったことに恥じぬよう

四国中央市寒川《さんがわ》町にある大西家で野中を迎えたのは、藤井の他、跡取りの次男・家康と、近くに住む三男・氏政の家族たちだった。

私は氏政らに会って、この時の様子を尋ねた。

野中は、車を降りて玄関で丁寧に挨拶し、上がって左奥の部屋にある仏壇の前に通され

戦後60年目にして再会を果たす

ると、遺影の前に正座して手を合わせ、五分ほど動かなかった。野中は生前に再会できなかったことを嘆き、そして、詫びた。

大西は一九一七（大正六）年七月二八日、四国中央市の南部、大西家がある寒川町から瀬戸内の海岸線に沿って走る法皇山脈の稜線を越えた、当時の金砂村で生まれた。地元の旧制三島中学を卒業後、専門学校で経理を学んでいたが、陸軍に志願して将校となる。

旧姓は坂上。大西ミドリとの養子縁組によって大西姓となった。身長は一八〇センチ以上もある偉丈夫。

復員後は農業を営み、農協の理事も務めた。おおらかで面倒見が良く、長年にわたって保護司として、恵まれない家庭の子供や、問題を抱えた青少年の面倒も見続けた。大西家のリビングの壁紙は、かつて大西が世話をした少年が手がけたものだ。大西は、少年鑑別所から出てきたこの少年が建具内装業に関心があると聞き、まず自分の家で腕を試させたという。

弱い立場にいる人、社会に受け入れられない境遇にある人へ手をさしのべようとする大西の生き方には、同じ保護司として恵まれない子供の面倒を見た野中の父・北郎にも通じる部分があった。長く捜し求めた大西に、野中は父の影をも見出したのではないだろうか。

野中は一時間ほど思い出話をした後、連れ立って大西の墓に参った。大西の墓は家からほど近くの小高い山の中腹にあり、眼下には瀬戸内海の燧灘《ひうちなだ》が広がっている。墓前で、野中は膝を折ってかがみこみ、静かに手を合わせ、時に目を見開いて墓石を見つめた。

戦争が終わり、ちょうど六〇年の節目だったこの年、野中はようやく恩人の墓前に立つことができた。すでに野中は政界を引退していたが、大西の御魂に向かい、こう語りかけたという。

「あなたのお陰で、ここまで生きることができました。戦争に生き残ったことに恥じない生き方をしていきます」

この言葉には、野中の大西への心からの感謝と、戦争体験を経た政治家としての深い責任感が込められているように思う。

第二章　叩き上げの精神

1　宿命

被差別部落出身という出自

二〇一一（平成二三）年二月五日、私は野中に会うために京都に向かった。内閣官房長官というポストの役割をテーマにした本の出版を準備していたときだった。内閣総理大臣の女房役と言われる官房長官だが、総理とは盟友の場合もあれば、親分子分の関係もある。タイプは様々だ。小渕恵三内閣で官房長官だった野中には、総理の片腕として積極的に政局を動かす参謀タイプとしてインタビューをお願いしていた。この日、野中は福知山市内で講演の予定が入っており、京都駅前の事務所から往復の車中での慌ただしいインタビューとなった。

実はこのインタビューはすぐに了解を得られたわけではない。野中は、はじめはためらっていた。前年の暮れに、国会近くの野中の事務所を訪ねて取材の要請をした際、官房長官としての役割だけでなく、政治を通して世の中に何を訴えようとしているのか、その活動を支える情熱はどこからわき出ているのか、政治家・野中広務の内面にも斬り込む質問を想定していることを伝えた。

すると野中は「うーん」と小さく唸り、表情を曇らせた。そして、こう言うのだ。

「最近はインタビューを受けんようにしているんだ。オレはいいんだけど、家族に迷惑がかかる」


野中が自らの政治を語るうえで避けて通れない問題が、被差別部落出身という出自だった。

野中が生まれた園部の地は、江戸初期から城下町として栄えた。一六一九（元和五）年、二代将軍秀忠の時代、出石《いずし》藩の藩主だった小出吉親が国替えで園部に入り、初代園部藩主となって整備された城下町だ。その時、藩主の吉親は、国元から皮革業の職人たちを連れてきた。

皮革職人は武将にとっては欠かせない存在だった。一五世紀後半の応仁の乱以降、戦闘や生活に不可欠である武具や馬具などの皮革製品の需要が高まり、それぞれの戦国大名は専属の職人を抱えて製品を納めさせた。職人集団として社会的な地位を築いていた皮革業者だったが、彼らが賤視されるようになった歴史は、「十世紀以降、屠畜業者・皮革業者が当時の日本社会のなかで、主としてケガレ観念や大乗仏教のなかの差別的教義に基づいて排除・差別を受け、十三世紀ごろには京都を中心にしてしだいに交際を断たれていくようになった」（『入門被差別部落の歴史』寺木伸明・黒川みどり著、解放出版社）と推測されている。

家族に向けられる「冷たい眼差し」

野中は、憚《はばか》ることなく出自を公言した。差別撤廃は、野中の政治人生をかけた大きなテーマだ。しかし政治家の情熱は、時に厳しい現実に直面する。

「敵は愛するものを狙う」とは、映画『ゴッドファーザー』に出てくる台詞だが、野中が差別問題に真剣に取り組み、世間が注目すればするほど、敵の攻撃の矛先、世間の中傷は、野中の愛する家族に対して向けられるようになった。

私がインタビューをお願いする一年ほど前に、野中は在日朝鮮人のフリーライター辛淑玉《シンスゴ》との対談形式で『差別と日本人』（角川書店）という本を出版した。差別の実態と、差別を受ける身の苦しみを赤裸々に語り合ったこの新書の最後に、野中は家族に対する思いを素直に吐露している。

「結局自分が有名になればなるほど、僕の出自がマスコミを通じてわかるようになってきた。次第にうちの家族は、親戚やいろんなところから冷たい眼差しを向けられるようになってしまった」（『差別と日本人』）

この本はベストセラーとなり、社会に少なからぬ衝撃を与えた。だが、衝撃が広く深く伝わるほど、野中の家族に向けられる「冷たい眼差し」は強まった。このようなこともあって野中は、メディアの取材に慎重になっていったのである。

「家族がね、表で話すのはやめてくれって言うんだ」

そう語る野中の気持ちは、私なりに理解できた。しかし、野中なくして「官房長官論」は成り立たないと思い、私は必死でお願いを続けた。

「小泉政権以降、決める政治がもてはやされる中で、各所との調整を司る、このポストの重要性を、何とか伝えたいと思っています。国政に進出して以降のことが質問の中心になりますので、なんとかお受けいただけませんか」

『差別と日本人』を読んでいた私は、出自の問題には触れることはできないし、触れる必要もないと思っていた。野中はそのことを『差別と日本人』で語り尽くしたのだろうし、今回は官房長官という別テーマについての取材だったからだ。

熟慮の末、野中は最後にこんな条件をつけてきた。

「僕を目立たせることはやめて欲しいんだ。多くの長官経験者を扱う中に僕がいるということでやってくれるか」

もちろん、複数の官房長官のタイプを分析するつもりだったので、取材する長官経験者の数を増やして、野中が占めるボリュームを薄めることを約束した。何とか取材を了承してもらい、この日が初めてのインタビューとなった。

ところが、約束の日の直前、二〇一一年一月一四日に、野中を陰で支え続けた妻・つた枝が、七七歳でこの世を去ったのである。

「部落の出身だと言ったんだ」

野中は、一九五五（昭和三〇）年につた枝と結婚した。軍隊から復員した野中は国鉄に復職するが、つた枝はその時の上司の娘で、野中の同僚だった。彼女の父親は病気がちで、つた枝は自分は服や着物も買わず、一生懸命働いて父親の医療費に充てていた。そんな姿に野中は心を奪われる。結婚を申し込んだとき、野中はすでに町議となっていた。つた枝は、政治家の妻になることを拒んだ。

「選挙をする人とは結婚できません」

これを聞いて、野中はすぐに返した。

「うん、二度と選挙には出ない」

つた枝に対する強い思いから、口を衝《つ》いて出た言葉だったのだろう。この約束が守られることはなかった。しかしその後、つた枝は選挙になると割烹着姿で事務所に現れ、お茶を出し、支援者やスタッフの面倒を見た。初めてのスタッフは、つた枝が野中の夫人であることに気がつかなかったという。目立たず、影のように寄り添って、つた枝は野中を支えた。野中の知名度が上がり、影響力が増すにつれ、敵対勢力は時に自宅にまでおしかけて嫌がらせをした。つた枝の心労はつのるばかりだった。

『差別と日本人』の中で、野中は「夫人のどこが一番好きか」と問われて、「辛抱強いところ。本当によく辛抱してくれたものだ」と答えている。また、こんな心情も吐露している。

「うちの女房は買い物も映画も僕と一緒には行かないんです。いまだにですよ。自分も杖を突いているから、タクシーに乗せて行って、荷物も持ってあげると言っても、『いや、あなたとは行かない』って。みんながあなたに声かけるから煩わしい、というのが女房の本音なんですよ。（中略）このごろ余計に寂しくなった、年と共にね。俺の八三年間の努力は何だったんだろう」

そして「罪滅ぼしになるかどうかわからないが」と前置きしてこう語る。「車に乗せて、二泊三日くらいの小旅行に行きたい」。野中は政界を去ってからも講演活動や選挙応援に奔走し、土地改良事業団の会長も務めるなど、休まる時がなかった。引退後も、つた枝と過ごす時間は相変わらずほとんどなかったようだ。小旅行の約束は果たされたのだろうか。

車中でインタビューを始める前に、私はまずお悔やみの言葉を伝えた。そして途中、昼食のために立ち寄った寿司屋で、香典を渡そうとした。

「いやいや、すべての人から香典は遠慮しているんだ。家族で葬式はすませたから」

野中はこう言いながら、差し出した私の手を抑えた。つた枝のことは語ろうとしなかった。私も沈黙した。食事を終えて、再度、車に乗り込む。しばらくすると野中の方から語り出した。

「結婚する前に、家内に僕は部落の出身だと言ったんだ。そしたら『いいじゃないですか、そんな昔のどうしようもない因習なんて』って。『わたしだけ分かっていればいい。わたしだけが知っていればいい』と言ってくれたんだ。まさか、僕が国政に出て、自治大臣などになったりするとは思っていなかっただろうからね」

差別に苦しむ人たちのために

野中から出自に関わる話を直接聞くのは初めてのことだった。しかし、軽々しい言葉は返せない。記者の仕事を支える第一のモチベーションは真実を知りたい、伝えたいという欲求であろう。政治の取材で重要なことは、政治家の懐に深く飛び込み、表に出る言動の真意をつかみ取ることだ。政治家の言葉には策略がある。嘘もあれば、誇張もある。そこから真意を探り当てることが、権力を監視するメディアの使命を果たすことにもつながる。だから政治家と記者の間には適切な距離感が必要だ。信頼関係がなければ本音を聞くことはできないが、信頼関係が癒着となってしまえば記者の堕落だ。

このとき、野中はすでに政界を引退していた。私が記者としての距離感を推し量るまでもなく、野中はすでに、出生のこと、家族への思い、自らの政治の本質についてヴェールを取り去って語っていた。私などがこれ以上ヴェールに手をかけようとすることは非礼でしかないだろう。だから私は黙って聞いていた。

野中も少しの間、流れる外の風景を見ながら沈黙していた。しかし、野中は隣に座る私に身を寄せながら、再びこう語り出した。

「生まれたくて生まれてきたわけではない土地に、そんな土地に生まれてきたばっかりに、人間として差別されなくてはならない人たちに対して、私は『俺を見ろよ』という思いなんだ。真面目に仕事をすれば、人は選挙で自分の名前を書いてくれるではないか、と。信頼を得て自信を持って欲しい。真面目にやって欲しい。僕の生き様を、そういう地域の若者に植えつけたいというのが願いだった」

私は、気の利いた感想ひとつ返せずにいたが、やっとの思いで、『差別と日本人』を出版して、差別の苦しみを肺腑《はいふ》から絞り出したのはなぜなのか、その心境を尋ねた。

すると野中は、こう説明した。

「自分の最後の集大成だよ。私はこういう人間だということを知らせることによって、勇気を持って真面目に働こう、勉強しよう、そうすれば野中のところまでいけるぞと、読んだ人たちが、そういう気持ちになってくれればいいと思っているんだ」

野中は低い声で語り続けた。そこには、本を読んだだけでは感じることのできなかった、野中の骨の髄から滲み出るような思いが籠っていた。

それは執念なのか、情熱なのか、祈りなのか、それとも宿命的な衝動なのか、私にはいまだによくわからない。ただ私は、野中の言葉によって、光の届かない深い闇の奥に、どこまでも引きこまれるような気がして、畏《おそ》れのようなものを感じていた。

2 「帰りなんいざ」

「野中さんは部落の人や」

野中はさらに、自分が政治を志したきっかけについても語った。その背景には嫉妬や憎悪が渦巻き、差別感情がむき出しとなる人間社会の暗闇があった。そこで野中はもがき苦しみ、悲しみ、怒り、そして政治に挑戦する道へと踏み出すことになる。
そのことを具体的に語る前に、復員してからの野中の生活と仕事を振り返っておこう。

野中は、召集前に勤務していた大阪鉄道局に復職し、業務部審査課の旅客係という部署に配属となった。出改札の管理や車掌の審査をし、指導のほか、国鉄内の不正の防止、摘発も担当した。

「仕事が面白くてたまらなかった。頭を使い、工夫をすればそれだけの結果が返ってくる」(『老兵は死なず』)。不正を暴くために地道な調査をし、不正防止策として新たな切符の形態などを立案し、また立案を通して実現化するために組織内を調整する……野中は国鉄で、組織人として必要な素養を身に刷り込んだ。さらに車掌研修所の講師も任され、今で言うプレゼン能力も鍛え上げた。野中にとって国鉄は、「第二の学校」だった。

出世も早かった。仕事の実績が評価されていた。さらに、他の男性職員の復員が総じて遅れたことも、野中の昇級を加速させた。「試雇い」から「雇い」、初級課員、中級、そして準上級、上級と時間をかけて段階を一歩ずつ踏んで上がっていくのが通常なのに、野中はあっという間に上級課員となった。戦地から帰って仕事に復帰した同僚や先輩は驚いた。

「いつのまに野中は出世したのか。昇級が早すぎるではないか」

嫉妬が渦巻いた。不服審査を申請した先輩すらいたという。

それでも上司たちの評価は揺るがず、園部中学の後輩二人を国鉄に入れたいと野中が打診すると、すぐに許可が下りた。野中は後輩を自分の隣の席に座らせて、手取り足取り面倒を見た。自分は旧制中学しか卒業できなかったが、これからは学歴も必要だと思い、その二人には関西大学の夜学を勧めて通わせた。そのうちの一人は国鉄を辞めて親戚の会社に転職したが、もう一人は勤めながら無事に大学を卒業した。学校から帰るのが遅くなったときは、野中は下宿で食事もつくってやった。

ところが、一九五〇（昭和二五）年の年の瀬も迫ったある日のこと、その面倒を見た後輩が、仲間たちにこう語るのを、野中は壁越しに聞いてしまった。

「野中さんは大阪では飛ぶ鳥を落とす勢いだが、あの人は地元に帰ったら部落の人や」

野中の出世を快く思っていなかった連中は、鬼の首を取ったかのように騒ぎ立てた。

「悔し涙がこぼれた。何で俺はこんな馬鹿なことを言われなきゃならんのだ」（同前）と苦しみ続け、一週間悩みぬいた。そして野中は、大阪を離れて故郷の園部に帰ることを決意したのである。

「おれは自分を自分という人間を知ってくれているところで、もう一度生き直してみよう。おれは大阪でいい子になりすぎていた。結果的に自分の環境から逃げていた」（同前）

野中の決断を知った係長は、「差別発言をした者を首にする」と言ってくれた。しかし、野中はそれを制止した。

「それはやめてください。彼を辞めさせたら、『ああいうことを言ったから辞めさせられた。うっかり言えない。こわいなあ』。そうなって、また差別が繰り返される。私は親兄弟にもこのことは言いません」

政治によって社会を是正する

「園部に帰って何をするんだ?」

係長に問われ、野中はこう説明した。

「出生のことを言いふらそうとも、隠そうとも思っていなかった。自分で努力すれば、その努力は報われると思っていた。しかし駄目でした。自分が手塩にかけた人間が、ああいうことを言うとは、永久に、この社会では救われない。私は捨て石でいい。頑張れば人は信頼してくれるぞということを証明するために、政治の舞台に出て、社会を是正していきます」

野中は「生き直す」場を政治の世界に求めたのである。復員後、野中が仕事と両立して取り組んでいた青年団活動が、すでに政治への道を用意してくれていたとも言える。荒廃した国土の復興をめざして全国の青年たちが始めた活動だ。民主主義を勉強しようと模擬議会をやった。公開の場で、町長、議長など配役と議題を決めて、与野党にわかれて論陣を張って議論もした。それを大勢の町民が見に来たという。また盆踊りや芝居の公演なども主催して、戦争に打ちひしがれた人々の気持ちを励まし、新たな時代の息吹を呼び込もうとした。

「新しい国づくりが始まった」

青年団活動を通して、野中はそう実感したという。その青年団の仲間が、野中を町議選に担ぎ出した。国鉄を辞めて大阪を引き払い、園部に戻ると、いつしか野中の選挙ポスターまでできあがっていた。一九五一年四月のことだ。

野中は二五歳で、園部町の町議会選挙に出馬した。母・のぶは国鉄を辞めることにも、出馬にも、大反対だった。

「あんないいところを辞めて、何すんの、あんたは」

泣いて諫《いさ》めたという。

弟の禎夫が振り返る。

「この小さな村から三人が出馬することになった。そのうち一人は、父親の従弟だった。色々な人間関係がある中に、若い兄が切り込んでいったんで、町は大騒ぎですわ。恨まれるしね。それもあって母は反対したんです。しかし、青年団の仲間が出ろ、出ろと推してくれた。彼らのおかげで当選できたんです」

野中は初めての町議選で、見事当選を果たしたのである。

戦後保守政治の成立

軍国青年だった野中だが、戦後になってから、その価値観を引きずることはなかった。大西少尉の言葉を聞き、眼前に広がる国土と人心の荒廃を目の当たりにした野中は、GHQによる、東京裁判、軍隊廃止、財閥解体などの占領政策を待つまでもなく、戦前の政治に対する不信と怒りでいっぱいだった。

六ヵ月という短い軍隊生活が、野中の新たな価値観への転換を容易にさせた面があるのではないだろうか。軍隊の閉ざされた論理と倫理に染まりきることもなく、戦闘で生死を彷徨《さまよ》い、精神的な後遺症が残るようなこともなかった。脳裏に焼き付いたのは、「国を守る」と言い続けた軍隊の嘘だった。そこでは暴力によって人間が蹂躙されていた。

「戦前の私たちは知らないうちに、教育をされ、戦争に突入していった。私はこうした民族性に恐怖を感じる」(『私は闘う』)

この言葉は、その嘘を信じ、黙認した自分自身と国民全体への不信と怒りでもあったはずだ。

「俺は戦争で死なずに帰ってきて、死んでいった同じ年くらいの人たちに、申し訳ないなあと、いまだに思うんだ」

インタビューの際、幾度となく野中はこうつぶやいた。生き残ったことに、どこか後ろめたさも感じていたようだ。新たな戦後社会をつくろうとして青年団で活動することは、その「後ろめたさ」を少しでも克服し、生き残ったことの価値を見出そうとする努力でもあったような気もする。

青年団活動で、野中は後に内閣総理大臣となる竹下登に出会っている。竹下も島根県の青年団で頭角を現し、「島根に竹下あり」と評判を集めていた。東京で行われる青年団の大会に出席するときには、一緒の汽車に乗って向かうという仲になった。この出会いが、後に野中の運命を大きく飛躍させることになるとは、若い野中は知る由もない。

このころ、国のかたちは大きく変わりつつあった。一九四六年一一月に日本国憲法が公布され、戦後の日本は新たな民主主義国家としての歩みを始めた。しかし一方で、経済は混乱していた。食糧難とインフレが人々の生活を直撃した。共産党をはじめ、社会党左派、労働組合が大規模なデモやストライキを繰り返し、勢力を拡大していった。人間としての安定した生活を求める人々の思いが、共産党などの反政府勢力を後押しした。野中は敗戦直後の大阪や京都の荒廃を見て、「革命が起こるかもしれない」と感じたと先に書いたが、日本はまさに「革命」を思わせるような社会状況となっていた。

左翼系の運動は、一九四七年一月に、いわゆる「2・1ゼネスト」が計画されたところで頂点に達した。「電力、ガス、鉄道、電信電話を含むゼネラルストライキで吉田内閣を打倒して、社共両党を中心とする人民戦線内閣をつくろう」(中村隆英『昭和史』下巻)という動きである。しかしこのゼネストは、占領軍司令官のマッカーサーによって中止を命じられる。マッカーサーは、時の吉田政権を支えたのだ。一方でGHQは、生活苦にあえぎ、反吉田で燃え盛る日本国民の民意も無視することはできなかった。マッカーサーは吉田に衆議院選挙を命じた。

一九四七年の衆議院選挙で第一党に躍り出たのは、社会党だった。共産党による急進的な変革運動は訴求力を失いつつあった。だからといって経済復興に成果もなく、労働運動の指導者たちを「不逞の輩」と切って捨てた吉田も許せない。国民のそういう立場は、「より穏健な革新」を求めて社会党へと集まり、社会党の片山哲内閣が発足する。

しかし、社会党は過半数には遠く及ばない比較第一党である。保守系の国民協同党、民主党との連立政権を余儀なくされた片山内閣は、混乱と迷走を重ね、わずか八ヵ月余りで総辞職に追い込まれた。その後も、社会主義的な改革を志向するGHQ民政局のケーディス次長らが介入し、社会党も参加したままの連立の枠組みで芦田均内閣が発足した。

国際社会では東西冷戦の構造が浮き彫りとなり、ＧＨＱ内も民政局に対抗して反共産主義と秩序維持を重視する、ウィロビー少将率いる参謀第二部が存在感を増してきた。ウィロビーは吉田の側近である白洲次郎らとパイプを太くしていく。また、一九四〇年代後半の反共潮流は、アメリカによる対日占領政策を転換させ、社会主義的統制経済から、自由主義経済に軸足を移させることになった。

アメリカのこの路線転換が吉田の再登場を強く後押しする。一九四八年一〇月に第二次吉田内閣が発足。一九五四年までの長期政権となり、いわゆる吉田ドクトリンと呼ばれる「経済優先、対米協調、軽軍備」が戦後政治の基本路線として定着することになった。

共産党の画一主義と対峙する

こうした時代の変化の中で、野中は重大な問題に直面した。それは、戦後もなお消えることのない、「一色に染まろう、染めようとする民族性」である。野中は、戦後の共産党に、その残滓を見たのである。共産党は、青年団活動にまで、その触手を伸ばしていた。

「戦前から戦後への価値観の変換の中で、多くの若者がマルキシズムに魅せられていった。が、私はそうはならなかったのもやはり青年団運動の実際の体験が、マルキシズムから私を遠ざけたのである。京都の共産党はいちはやくこの青年団運動に浸透し、内部から組織を牛耳っていった。（中略）私はとても息苦しいものを彼らの指導に感じたのである」（『私は闘う』）

町会議員になってまもなくの一九五一年六月、野中は京都連合青年団の大会で挨拶し、壇上に居並ぶ共産党の幹部たちに、こう言い放った。

「富士山を登るには、山梨側から登っても、静岡側から登っても道はある。青年期は色々な道を登って行って、最後に自分の人生を知るんだ」

野中はその翌年、共産党に反発した長岡京、木津、舞鶴、福知山のリーダーたちとともに、青年団の別組織「京都青年団体協議会」を発足させた。「分裂者、野中広務を葬れ」。そう書かれたビラが電信柱に貼られたという。しかし野中は、反共の急先鋒として、いっそう存在感を増していった。

園部町は野中が初当選した一九五一年四月に川辺村を編入し、一九五五年には摩気村・西本梅村と合併した。このとき合併協議会が発足し、議会のポスト配分などが話し合われたが、野中は青年団で鍛えた根回しと交渉の力を遺憾なく発揮し、調整をリードした。

合併に際して摩気村から指摘されたのが、園部町の財政赤字だった。園部町から町長、摩気村から議長が選出され、野中は園部町出身だったが副議長となって、赤字解消に取り組んだ。

その実績を買われ、一九五七年には三一歳の若さで町議会の議長に就任する。

3　田中角栄と戦後民主主義

田中角栄に郵便局整備を陳情

町議会議長となった一九五七年、野中は田中角栄と初めて面会している。田中は同年七月に戦後最年少の三九歳という若さで郵政大臣に就任していた。

野中は町議に当選した後も、ジャパン・トラベル・サーヴィスという国鉄の駅構内で食品などを販売する会社に籍を置いていた。そこの経営者である魚住明が田中と親しく、野中が魚住に「園部町の郵便局が老朽化して困っている」と相談したところ、田中に陳情書をもって行くように言われたのである。

東京・目白の田中邸には連日朝から陳情客や役人があふれていたが、親しい魚住の紹介ということもあり、野中はすぐに応接室に通された。自己紹介をして、陳情書を渡しながら郵便局の建て替えを要請し始めると、田中はその陳情書を「何だ！」と言ってさっと目を通した。

「ああ、郵便局か。よし、わかった」

野中の説明も終わらないうちにこう言うと、メモを手にして「早急に処置」と書き、秘書に渡した。

「これをすぐに役所に届けろ」

即断即決だったという。

田中は郵政相に就任以来、郵便局を増やし、貯金や保険で集まる資金を財政投融資として公共事業に投下した。全国の陳情をさばいて役所に公共事業を差配させ、そこから民間業者にカネを落とす。そして、民間から政治献金を還流させる。政官業トライアングルを循環する資金の大きな供給源が郵政事業だった。このトライアングルの規模が巨大化するほど、より多くの資金が必要となった。

野中が陳情した郵便局の整備は、田中が築き上げようとしていた利権構造を組み立てるパーツの、ほんの一かけらにすぎなかっただろう。だが、野中が目の当たりにしたのは、政治システムを共有する「理」の部分と、親しい魚住の紹介であるという「情」の部分が組み合わされて、陳情が短時間で実現するありようだった。

一九五八年六月、田中は郵政大臣から外れるが、その後成立した補正予算には園部町の郵便局の改築費用が計上されていた。

「閣僚からはずれても、田中さんは最後まで責任を持って対応してくれた。政治家はかくあるべきだ」(『新潮45』二〇一〇年七月号)

田中は、すべての陳情を自らさばいた。できないことは、できないとはっきり言った。つねに即断即決だった。野中は、地方の駆け出し政治家に過ぎない自らの陳情がまたたく間に現実化したことに感動した。

野中が地方政治家としての歩みを軌道に乗せた昭和三〇年代は、まさに田中が権力の階段をすさまじい勢いで上り始めた時期でもある。野中は一九五八(昭和三三)年から一九六六(昭和四一)年まで町長を務めるが、この間、田中は一九六一年に自民党政調会長、一九六二年に第二次池田勇人内閣で大蔵大臣、一九六五年には自民党幹事長と怒濤の勢いで出世街道を驀進《ばくしん》している。

野中は、田中の政治手法だけではなく人間的にも魅了され、ことあるごとに田中邸を訪れるようになっていった。

戦場で酒盛りする田中角栄

野中に大きな影響を与えた田中角栄という稀有な保守政治家の来歴をここで簡単に振り返っておこう。

田中は一九一八（大正七）年五月に雪深い新潟県刈羽郡二田村、今の柏崎市に生まれた。野中より七歳上ということになる。実家の生活は貧しく、地元の尋常高等小学校を卒業してからは、暮らしを支えるために土建業に身を投じた。一九三四（昭和九）年に上京し、夜学に通いながら住み込みで働き、三年後に独立して建築事務所を開いた。しかし、徴兵され、一九三九年、盛岡に司令部を置く騎兵第3旅団第24連隊に入営。満州の富錦《フーチン》に派遣された。すでに日中戦争は泥沼化の様相を呈し、満蒙の国境線を巡って軍事的な緊張が続いていた。やがて機械化されたソ連軍に壊滅的な大敗を喫するノモンハン事件へと至る直前の時期だ。

だが、軍隊生活時代の田中にはあまり悲壮感がなかった。野中のようなまじめな青年とは身構えが違ったようだ。

「入隊までの私はおとなの群れの中にはいって適当につき合っていたし、分不相応な収入もあって、遊びの味も少しは知っていた。春のおそい北満州・富錦という小さな町の民家転用の兵舎に着いたころは、明朗濶達すぎて、新兵らしくないふるまいが多かったらしく、古兵たちにはよく思われなかったらしい」

田中角栄

ある日、田中の上官が部隊本部に着いた時、いるはずの守衛がいない。

「何をしとるかー」

詰め所にたむろしている兵士を見て、こう怒鳴ると、あわてて、数人が飛び出してきた。その恰好たるや、兵帽もかぶらず、軍服のボタンも外したまま。上官は「このバカヤロー」と全員を思いきり殴り倒した。

殴られた兵士の一人が田中だった。殴った上官は片岡甚松といい、陸軍士官学校53期、この連隊で大尉に昇進し中隊長となった人物だ。ここでの縁がもとで、片岡は戦後、田中が経営する越後交通に入社し、社長にまでなった。田中の懐の深さを示す逸話だが、

「あの時は痛かったぞ」

戦後、軍隊の思い出話になると、田中は嫌味半分にこう言って、片岡を困惑させた。

田中はハリウッド女優の写真を兵舎に持ち込んでは殴られ、くわえ煙草で軍靴を拭いては殴られ、悪名高き内務班生活の私的制裁の洗礼を散々に受けた。それでも、設計の仕事で身につけた技能で上官の書類作成を手伝い、「酒保」という兵営内の売店係になって仲間に酒を振るまうなど、持ち前の器量と処世術で、したたかに軍隊生活を生き抜いた。

こうした様子は、同僚兵士への取材を通してまとめられた『戦場の田中角栄』（毎日ワン

（『私の履歴書』）

ズ）に詳しいが、そこに興味深い出来事が紹介されている。
ある日、田中が五～六人の仲間を誘い、車座になって酒盛りをしていた。田中は一升瓶から酒を洗面器に移し替え、仲間たちはそこから茶碗で飲んでいた。すると、突然、小隊長が巡察にやってきた。その瞬間、田中は、仲間たちに、

「鉛筆とそろばんを持て！」

と指示して、棚卸しの帳簿整理をしているふりをした。小隊長に事情を問われると、

「酒保の棚卸しを手伝ってもらっています」

平然と、何食わぬ顔で切り返した。しかし、足元には、なみなみと日本酒が入った洗面器がある。小隊長がその洗面器に視線を落とすと、

「輸送中に壊された一升瓶の整理中でありまして、処理を手伝ってもらっています」

前章で触れた軍隊の「員数主義」、辻褄合わせを逆手に取った、みごとな言い訳である。

その酒盛りはお目こぼしになったそうだ。

『戦場の田中角栄』では、田中のこうした行動は、「員数主義」「私的制裁」という病理を抱えた軍隊に対する「反骨精神」として評価されている。その指摘通り裸一貫で地方から上京し、生き馬の目を抜くような土建業界でしたたかに生き抜く術を身につけた田中は、軍隊で人生観や人間観がゆがめられるほどナイーブではなかったのだろう。

野中のように「軍国青年」になる純粋さも余裕もなく、国のために尽くすことにさほどの関心もなかったはずだ。その後も田中は、「天皇のために死ぬ」という軍国主義的価値観を見せたことはない。すでに「叩き上げ」だった田中にとって、軍隊生活は人生の中の「ひと苦労」程度の経験だったのかもしれない。

運もよかった。軍隊生活が二年になろうとする頃に、田中は肺炎となり、対米開戦直前の一九四一年一〇月に除隊となった。田中の部隊が後にソ連軍の猛攻を受けて全滅状態になったことを考えると、まさに幸運としか言いようがない。

「満州で別れてきた戦友たちに申しわけない思いの日々であった」(『私の履歴書』)

帰国した時を振り返り、こう回想しているが、仲間のためにもう一度志願して戦地にもどろうなどという殊勝な軍人精神は持ち合わせていなかったに違いない。

吉田茂と田中角栄の経済優先路線

帰国すると田中は、すぐさま田中建設事務所を開設し、徴兵以前から関係があった理研コンツェルンとのパイプを生かして業績を順調に伸ばしていく。一九四三年には田中土建工業を設立して経営を軌道に乗せる。この会社の顧問に、大麻唯男《おおあさただお》という政治家がいた。戦後、間もなく発足した日本進歩党の議員で、政界工作のために田中から政治資金を提供してもらっていた。それが縁となり、大麻は田中に政界進出を勧めるのである。

一九四六年の衆議院選挙に、田中は進歩党から初出馬した。

「みなさーん！　この新潟と群馬の境にある三国峠を切り崩してしまう。そうすれば、日本海の季節風は太平洋に抜けて、越後に雪は降らなくなる。みんなが大雪に苦しむことはなくなるのであります。なに、切り崩した土は日本海へもって行く。埋め立てて佐渡を陸続きにしてしまえばいいのであります」

この「三国峠演説」は有名だが、肝心の選挙は落選。当選を果たしたのは翌年、日本国憲法が発布されてから初となる、一九四七年の第二三回衆議院選挙だった。

田中が初めて本会議の壇上に立ったのは、その年の九月二五日のことだ。まだ戦後の混乱が続いていた。占領下の日本政府は、経済復興のために、当時の基幹産業であった石炭と鉄鋼に労働力・資材・資金を重点的に投下し、それによって産業全体の活性化をはかる傾斜生産方式をとっていた。これに対し、中小企業育成の重要性を訴えたのが田中の初めての国会演説だった。

「中小企業の振興は、沈滞せる国民の生産意欲を向上し、切瑳琢磨、高度製品の生産は、自由貿易を活潑ならしめ、やがて国際経済圏の一員として復帰する大きな役割をなすのであり、加えて農村工業の発達により、農山漁村生活の合理化となり、中小工業都市の発達は、大都市人口集中の排除ともなり、わが国再建の意気まさにここに生まるるというのも、過言にあらざる次第であります」

当時は片山内閣である。傾斜生産のために、石炭生産を国が管理する石炭国家管理政策がとられていたが、田中はこれに反対した。九州の炭鉱周辺での住宅建築に目をつけ、すでに田中土建工業の支店をここに進出させていた。演説で言う「中小企業」には、自分の会社も含まれていたのだろう。そういった個人的利害の一方で、富の再分配、地方格差の是正、均衡ある国土の発展という、後の『日本列島改造論』に象徴される田中政治の理念も芽を出していたということだ。国民の生活の場に足場を置いた経済発展と、それを国家の再建、さらには国際経済の一員へとつなげていくダイナミズムも田中ならではである。

田中は一九四八年に、吉田茂率いる民主自由党に合流し、長期政権を築く吉田のもとで、異色の参謀として頭角を現す。田中はよく「えらくなるには大将のふところに入ることだ」と話したという（早野透『田中角栄』中公新書）。吉田への接近には、自らが天下を取るために、まず権力者にすり寄るという嗅覚と打算があったことも確かだろう。だが、先の演説に見られるような政治理念からすると、吉田の自由主義的思想と、経済優先路線に対する共感の方が大きなウェートを占めていたと考えられる。

国民の暮らしから発する欲望

昭和二〇年代は、経済優先路線の吉田と、それに対抗し憲法改正と再軍備を主張する復古派が、権力闘争の鎬《しのぎ》を削った。その復古派のリーダーこそが、革新官僚として満州建国を主導し、東條英機内閣の商工大臣として開戦詔書に署名し、さらにA級戦犯の被告として巣鴨拘置所に収監されていた岸信介だった。言うまでもなく、今の首相である安倍晋三の祖父だ。

「民族的自信と独立の気魄を取り戻す為めには吾々の手に依つて作られた憲法を持たねばならぬ」（『岸信介回顧録』）

「他国の軍隊を国内に駐屯せしめて其の力に依つて独立を維持するといふが如きことは真の独立国の姿ではない」（同前）

経済についても、岸は、戦前と同様に政府による統制を主張し、吉田政権を次のように批判した。

「単純な自由放任の経済、自由放任政策だけで日本を再建しようとしましても、それは到底できないのであります。この見地から私どもは、日本再建のために計画性のある一つの産業政策、経済政策を立てゝ、これを実施しなければいけない」（同前）

これに対し、吉田はことごとく反論している。

「国民の総意がどうしても憲法を改正せねばならぬというところまできて、それが何らかの形で表面に現われた時に、初めて改正に乗り出すべきである。（中略）一内閣や一政党が改正の功をあせるが如きは、強く排撃せねばならぬ」（『回想十年』中公文庫上巻）

「今に及んでも、（アメリカと）対等であるとかないとか、議論を上下している。斯《か》かる人々は、現今の国際情勢を知らず、国防の近代的意義を解せぬもの、いわゆる井底《せいてい》の蛙《かわず》、天下の大なるを知らぬ輩と評する外はない。今日いずれの国に独力を以て国防を支え得る国ありや」（同前下巻）

「この辺でそろそろ経済の運び方を転換しなければならない。いうならば、人為的な経済規則で縛るよりも、自然の経済法則によって鍛え直さなければならない」（同前中巻）

当時の吉田は、形式的な国家の体裁にこだわるよりも、国家の力で国民経済を統制することよりも、自由主義的な思潮や経済の発展によって国民生活を復興する道を優先した。この背景には、岸をはじめとした官僚が、統制によって戦争を準備し、国民生活に多大な犠牲を強いたことへの反省と批判があった。エリートが独断的に国民を引きずり回す政治は、得てして失敗するという、戦争から得た教訓もあった。

吉田が自らの政治に吸収したものとは、「二度と戦争は御免だ」「安心して豊かな生活を送りたい」という一般大衆の素朴な願望だったと言えるだろう。大東亜共栄圏だ、八紘一宇だと言うエリートたちの大言壮語ではなく、国民の暮らしから発する欲望に軸足を置こうというのが、吉田が築いた「新しい戦後政治」の精神となったのである。

大衆の欲望を丸ごと飲み込もうとする田中が、吉田に引きつけられたのは、論理的にも感情的にも当然のことだったのではないだろうか。

野中の「戦後民主主義宣言」

こうした戦後政治の精神を、地方の現場で担おうとしていたのが野中だった。野中は田中について次のように評している。
「強いオーラを放つカリスマです。新潟人であるという土着性を隠さず、学歴にしても引けめに感じないで堂々と話す。素のままの、ありのままの自分を出して、人に対する。人を捕らえて離さない力がありました」（前出『新潮45』）
野中が魅せられた田中の「土着性」と、「叩き上げ」の迫力。これもまた、戦後政治の重要な要素だった。
「土着性」とは人間の生活を大事にするということだ。それは地元中心主義ということに矮小化されるものではない。生まれた場所、住んでいる場所に関係なく、多くの人々の生活を平等に豊かにしようという姿勢につながる。

「叩き上げ」であるということとは、一部のエリートが描く高邁な理念に惑わされることなく、大衆の願いを肌で感じ、政治に反映させ得る感性をも意味した。

これらの要素が、田中的な政治を成り立たせた。それは戦後民主主義の屋台骨でもあった。そして、野中の活躍も、同じ戦後民主主義の息吹そのものだったと言えるだろう。それまでの地方政治は、庄屋や特定郵便局長、造り酒屋の旦那衆など、地元の有力者、いわゆる「名望家」が支配する世界だった。しかし、戦後の混乱の中で、地方も大きな財政赤字を抱え、町のインフラの整備もままならない状況が続いた。すでに長老の名誉だけでは事態を動かせないことを、大半の町議が、町の人々が理解していた。

町議選では、母・のぶが心配した地域の「しがらみ」が桎梏《しっこく》となったものの、いったん「しがらみ」をふりほどいてしまえば、野中の若いエネルギーと行動力に、人々の期待が集まった。この期待こそが、古い「しがらみ」に対する戦後民主主義の挑戦だった。この流れの変化を野中自身も自覚し、自らが町議会の議長に就任した際に、次のように語っていた。

「私は大きな意義があったと考えています。それは従来の議会議長をやられた方々と年齢的にも財的にも人間的にも、そのほかあらゆる角度から考えても、完全に正反対に近い私というものが選任されたということです。（中略）凡そ正反対の素地の中から私が選任されたということは、町政を形造る機関の一つである議会議員の考え方の中に新しい政治のあり方、即ち、貧困な恵まれない層の上に政治というものの基礎が置かれたといえると考えるのであります」（「園部町政だより」一九五七年一〇月号）

政治の担い手が「エリート」と「富裕層」から、「叩き上げ」と「大衆」と「弱者」に移ったことを外連味《けれんみ》なく語った、「戦後民主主義宣言」ともいえる言葉だった。

町長も、合併後の初代は高齢もあって一年程度で引退、二代目は財政問題でリコールされた。健全財政を訴えていた野中に対して、「今度は若いお前がやれ」と共産党を除く多くの議員が推した。野中は町長選に出馬し、当選した。

一九五八年一一月、野中広務三三歳のときだった。

4　スクーター町長

被差別部落の利権も批判

野中の町長としての「新しい政治」は、役所の合理化から始まった。まずは財政再建のため、町内に二ヵ所あった支所を廃止した。各種登録や証明書発行を一元化して経費の削減を進めたのである。煩雑な窓口業務を一本化して、住民にとっての利便性を高めるために、各種手続きの窓口を「住民課」に一本化した。さらに役所の住民サービスを徹底するよう役人の意識改革を訴えた。役場の玄関にはこんな張り紙をしたという。

一、窓口に仕事のもちばに違いはありません。何でも相談に応じます。
二、窓口と相談係には聞き捨てにするクズかごはありません。
三、窓口と相談係にはくさいものにするふたはありません。
四、窓口と相談係にはたらいまわしにするたらいはありません。
五、町行政上の疑問は何でも遠慮なく相談係にたずねてください。

わかりやすい比喩で役人に住民サービスへの覚醒をうながし、住民には役場が住民のために生まれ変わったことを知らせる。新しい公共空間の誕生を告げ知らせる言葉だった。役所の意識改革だけでなく、野中はかつての「名望家支配」に組み込まれた、古い利権構造にもメスを入れた。

町長に就任した直後、一九五九年八月には集中豪雨があり、一〇月には台風が直撃し、大洪水の被害に見舞われた。その被害総額は合わせて三億円近くに上った。町は復興工事を発注することになるが、野中は役場でこう宣言したのである。

「杭とトラックと縄を持って、応急工事の手伝いにきた業者から仕事をやってくれ」（前出私の「園部時代」）

公共事業は、それまでは町長をはじめ長老議員らと親しい大手の土建業者が独占していた。まさに既得権だった。大手の経営者などは「俺の所に仕事を持ってこい」と大威張りだったという。

「小さい業者にも仕事を与える。夜中に災害が起きたようなとき、杭と人夫と縄を持って、何か手伝うことがあったら言うてくださいと、真っ先に駆けつけた業者から仕事をしてもらう」（同前）

社会的公正を求める野中の考え方は、被差別部落に対しても向けられた。差別をなくすということは、差別されてきたことをふりかざして利権を得ようとする、いわば「逆差別利権」も許さないという発想だ。

「未解放部落の道路を舗装するときでも、同時に一般の道も舗装する。部落の道だけを舗装したら、『なんであそこだけ？』『部落やから？』ということになる。そういうことをやっても、何にもならない。同時に、一緒にやるということを強く心がけました」（同前）

野中は不合理な因習にとらわれて差別をする人々を憎んだ。しかし、被差別部落の利益代弁者に偏る立場からも距離を置こうとした。被差別部落出身であることを盾にして、利権をむさぼろう、優遇措置を引き出そうとすることを否定した。そんな「特別扱い」こそが、「差別の再生産」につながると考えていたのだ。
「目についたのは、部落民が特権化して、自分たちの利益に結びつけるという考えに走り過ぎていたこと。土建業を優先させたい、そして手にした利潤に関しては税金逃れしたいという傾向が強かった。それを僕は非常に批判したんです」(『差別と日本人』)
町の「古い利権構造」の一角には、被差別部落関係者の土建業者が名を連ねていた。

町長・野中への告発文

町長時代の野中からは、戦時中までの古い利権構造、悪しき癒着や慣例などに果敢に挑む「戦後新人類」の姿が浮き彫りとなる。「料亭政治」、「宴会行政」にもけじめをつけた。町長就任時、役場の幹部が三軒の料亭にためた借金は三五〇〇万円に上った。当時の町予算が約三八〇〇万円ということに照らせば、その巨額ぶりがよくわかる。驚くべきことに、役人たちは自分たちの飲食費を支払わない代わりに、料亭の町民税や固定資産税を免除して相殺していたという。
「今後は、収入役の伝票を持っていかない分の請求については払わない。自分も酒を飲まない。しかし、あなたたちにも、こんなルーズなことをやってきた責任がある」

そう言って借金を二〇〇万円にまけさせたうえで、即金で支払った。

野中は、住民の生活環境の整備にも力を入れた。

「昭和三九（一九六四）年の東京オリンピック以降は、環境問題がやかましくなって、ゴミと屎尿《しにょう》の問題が深刻化しますよ」

当時の厚生省の幹部から、このようなアドバイスをもらい、他の自治体も絡めた広域行政として、先駆的な処理システムを構築した。農地整備、下水道整備への取り組みも早かった。そして、これらの工事からも「しがらみ」を払拭《ふっしょく》しようと努めた。特定の業者との接触は極力避けたのである。当然ながら、被差別部落の土建業者からは憎まれた。「自分たちの地域を優先して整備しろ」と被差別部落の人々が役所に押しかけることもあった。

弟の禎夫によると、そういう時、野中は自ら矢面に立ち、時には罵声も飛びかったという。

「我々兄弟のことは絶対に怒ったりしない、面倒見のいい兄貴だったから、そういう姿を見ると、ああ、こんな一面があるんやなと、驚いたものです」

野中は一九六二年に町長に再選されるが、こうした反発や対立、さまざまな葛藤が絶えることがなかった。

一九六四年七月一〇日、地元紙『丹波新報』に現職の議員が「議会報告に代えて」という告発文を特別寄稿した。この寄稿は、遊覧ボートの営業権や、電気会社の本社移転、スーパーマーケット建設や、関西電力園部営業所などの用地売買にからみ、野中が町長として不正な利益を得ているのではないかという内容だった。

ここぞとばかりに、反野中の人々が真相究明を求めて大きな声を挙げ、町議会に調査特別委員会が設置された。野中によると、町内の中学校体育館建設の入札に地元業者を入れなかったことが、この騒動の発端だった。このとき野中は府教育委員会から推薦された実績ある業者を指名したため、地元業者は町民大会を開いて抗議すると言って、数回にわたり圧力をかけてきた。この地元業者と親しかった告発議員も野中に、入札に入れてほしいと言ってきていた。

野中は告発文の内容は事実無根だと反論し、議会で逆に「抵抗勢力」を糾弾した。

「この町には、いわゆる旧来の陋習《ろうしゅう》なるものが根強くはびこっておりました。すなわち正義も圧力に屈するような姿が、旧来なかったとはいえません。土木建築工事について特にその趣があり、暴力に似た圧力をもって、己が意思を通そうとしました」

演説の途中で怒りがこみ上げ爆発してくるのが議事録から伝わってくる。

「私は町長就任に際し、これではいけない、私一身の体を張ってこうした旧来の悪弊には打ち克ち、公明正大、正直者が馬鹿を見ない行政の推進を町是とし、内外に声明しました。

（中略）利権に追随して手段を選ばぬ人たちによって町の名誉が傷つけられたことは遺憾であり、私個人としても堪えがたい屈辱ではありますが、旧来の陋習を破る壁とも考え、かかる悪とは徹底して斗《たたか》う」

結局、調査委員会で、この告発は事実無根だったことが確認された。

野中は、町を移動する時はもっぱらスクーターに乗った。スバルが一九四七年に発売した「ラビット」だ。スクーターでの移動が、地元業者との癒着を回避する有効な手段だったという。

「自転車だったらちょっと人に呼び止められて、降りて挨拶して、話が長引く。自動車は我々の時代には馴染まない。スクーターなら、ヤアと言ってバーッと走っていけるんです」（私の「園部時代」）

野中は「スクーター町長」と呼ばれた。

被差別部落をめぐる「確認事項」

差別との闘いは、野中のその後の政治家人生においてもずっと続いた。「被差別の特権化」を助長したのは、一九六九（昭和四四）年の国会で成立した同和対策事業特別措置法だったと野中は指摘している。この特措法は、差別解消を目的とし、被差別部落の環境改善事業の推進や、固定資産税の免税措置などが柱となっていた。京都府もこれに基づいて、被差別部落関係者の土建業者たちに優先的に仕事をまわしていた。

この特措法が成立した当時、すでに府議会議員となっていた野中は、議会で厳しく告発した。

「（京都府がやってきた）同和行政というのは、子供が、飴がほしいと言えば飴をやり、銭がほしいと言えば銭をやり、物がほしいと言えば物をやるという、そして黙らせるという同和行政であります」（一九七三年三月七日府議会）

それでは差別の解消にはならない、と野中は言う。「あなた方にはわかっていただくことができないから、私は憎しみと悲しみをこめて、ここでお話をする」と前置きして、こう続けた。

「部落のなかには、いくつかの差別に値する事象が残っておる。これをみずから解放することが、それが部落をよくすることであり、差別を売りものにしたり、差別をそのことによって商売や利権の材料にすることがあるから、部落のなかにはいつまでも差別が繰返され、それが新しい差別をよんでいくのだ」

野中は、後に国政に進出してからも、この問題に取り組んだ。

一九九三（平成五）年に非自民勢力の細川護熙政権が発足した際、野中は国会の予算委員会で野党理事として、この問題を追及している。この年の一〇月六日、先に触れた、公明党攻撃を終えた、質問時間の終盤である。

「私の政治生活の、政治生命のすべてをかけて、私の命をもかけて、これからのために勇気をもって質問をするのであります」

こう切り出した場面を、私も国会内のテレビで見ていた。野中の表情からは鬼気迫るオーラが放たれていたことを記憶している。

まず野中は、一九六八年に大阪国税局長と解放同盟中央本部、大阪府同和地区企業連合会（企業連）との間で交わされた「確認事項」、いわゆる「同和控除」の存在を明かした。これは、被差別部落に対して税制上の「特別扱い」を認めたものだ。同和事業には課税しないこと、企業連を窓口として提出された税の自主申告は全面的に認め、どうしても内容調査が必要な場合は企業連と協力して調査にあたることなどを約束したもので、これは全国の税務署に内部通達された「暗黙の掟」だった。

「これを利用することによって、今度は申告すればそのまま認めてもらえることとなり、そんな器用なことがやれるんなら、おれも同和を名乗ろうということで、エセ同和がつくりあげられてきたことはご承知の通りであります。（中略）同和対策特別措置法に基づく事業をいくらやろうが、税でこんなことができるんならと、批判が湧き上がってきた」

野中は、この「同和控除」が脱税などの不正を生み、それが批判され、そして新たな差別につながっていると指摘した。そのうえで、こう続けた。

「まじめに働き、勉強をし、目が四つあるわけでも鼻が二つあるわけでもないのに、同和地区に生まれたというだけで差別を受ける人たち、それが、こんな大蔵省の卑怯なことが現に続けられておるために、新たな差別を受けることになり、増幅してきておるのであります」

そして、質問の最後をこう締めくくった。

「政治生活のすべてをここに凝縮して、私の生命をかけてこの問題の解消を迫るのであります」

今の政治の世界で、文字通り「命をかけた言葉」をこのように発する人物を、私は知らない。この時も、ざわついていた第一委員会室は静まり返った。

「そういうことに対しては、もしありとせば、適正に執行するのは当然のことであると考えます」

こう答弁したのは当時の大蔵大臣・藤井裕久だ。「同和控除の実態はない」というのが国税庁の基本的なスタンスだったが、翌年、六月七日の予算委員会で、この「確認事項」の存在を暗に認め、特別措置の解消に向けて「一歩一歩かもしれないけれども努力してまいりたい」と答弁している。しかし、実際の解消にはそれからも時間を要し、最終的に「同和控除」が解消されるのは、政府による同和対策事業が終了となった二〇〇二年のことである。

5　決別

蜷川革新府政との蜜月

野中町政の時代、京都は蜷川虎三府知事の権勢が絶頂を誇っていた。蜷川は一八九七（明治三〇）年生まれ。京都大学教授だったが、学生たちを戦争へと導いた自らの責任をとって退職。一九四八年に芦田均内閣で初代中小企業庁長官に就任した。しかし、一九五〇年に当時の総理だった吉田と対立して辞任。その年、京都府知事選で勝利し、七期二八年にわたって府知事として君臨することになる。

蜷川虎三

蜷川は護憲を訴え、財界の利権よりも住民の要望を優先した。革新知事の先駆けとして、府民の支持は圧倒的だった。また、地元の産業振興や生活インフラの整備にも努め、保守層からも支持を集めた。

当初、野中は蜷川と良好な関係を築いていた。生活インフラを整備するためには府の予算を引っ張り込まなければならないのだ。

「自己財源で町民の福祉を増進できないことを考えると、府政とのつながりを密にして、府政につながる町政によって財政的にも事業的にも八方塞がりの現状を打開しなければならないと考えます」（「園部町政だより」一九五八年一月一五日号）

これは町会議長当時の言葉だが、この方針が揺らぐことはなかった。

青年団当時、共産党と対立した野中は、同じ園部町出身の保守系国会議員である田中好の側近となった。この田中好の娘婿が、野中を田中角栄に紹介した魚住明である。野中はまさに戦後保守系人脈の中で政治活動を展開したと言ってもよい。

しかし、戦後の荒廃と財政破綻から町を復興させるという思いは、保守も革新も共通していた。野中は蜷川府政を賞賛し、その懐に飛び込んだ。府から補助金を引き出すために、府の管理職たちと夜な夜なマージャンに興じ、酒を飲ませ、支払いはすべて野中がもった。府から課長クラスの出向を積極的に受け入れ、組織的な人事交流で関係も深めた。

蜷川府政との蜜月によって、補助金を引き出す手腕は、当時の野中町政を取材していた記者たちも認めている。

「(補助金の)とってき方は、よその町長に聞くととてもうまい。何か特殊な才能を持っているのではないか」「(町民から)寄付金を取らずに補助金と起債、一部一般財源でやっているのはここだけだ」

これは町政記者クラブの記者たちによる座談会での発言だ。一九五五年九月二〇日発行の『広報そのべ』に掲載されている。

ところが野中は、一九六六年、その蜷川と決別することになる。一九五八年の府知事選では、自民党も一時は推薦を決めるなど、蜷川は保守から革新まで広く支持を集めていた。だが一九六〇年代半ばから、保革の対立が深まるなかで、蜷川と密着して府議会で力を持つようになったのは共産党だった。

野中は一九六三年六月に府の町村会会長に就任した。政府の税制調査会など様々な会議に出席するようになり、人脈も広がってくると、自分が「井の中の蛙」だったことを痛感する。やがて議員の資質ではなく、「蜷川さんにどう隷従するか」で評価されることは、京都にとっての不幸だと考えるようになるのである。野中は考え方の切り替えが非常に早い。これも「戦後新世代」が持ちえた柔軟性と速度だったのだろうが、蜷川サイドから見れば、変わり身の早い転向であり、裏切りということになる。

決別の最大の原因は役人たちによる蜷川への行き過ぎた「忖度」への怒りだった。

蜷川体制に「忖度」を求められる

一九六三年四月、久御山《くみやま》町の町長選で保守系の沢野平右衛門が当選した。その公約の一つが学校に給食室を建設することだった。すると当選直後に、府庁の総務部長からこう連絡が入ったという。

「蜷川府政に忠誠を誓うと一筆書くように。京都府の振興資金を出してやるから」

この話を沢野から聞いた野中は不快感を露わにしてこう言った。

「馬鹿なことはやめておけ。俺が今から、総務部長がそんなことを言うのはおかしいと言ってくる」

腰をあげようとする野中を、沢野があわてて止めた。

「やめてくれ。おれはその金が借りられなかったら、公約が果たせないから困るんだ」

役人が蜷川を忖度して、当選した町長に絶対服従を求めるという態度に、野中の怒りは鬱積した。そしてついに蜷川体制が、野中本人にも忖度を求める時がやってきた。一九六六年四月、蜷川が五選を目指して、保守系無所属の浜田正と府知事選を争っていた時のことだ。

この時期、京都府は自動車取得税を自治省に申請していた。ところが当時の自治大臣が、「選挙の時に申請を認めたら蜷川に味方することになるから」と言って、なかなか申請を認めなかった。全国町村会の副会長にも就任し、自治省にも人脈があった野中に白羽の矢が立てられ、やはり府庁の総務部長が頼んできた。

「東京に行って、申請を認めるように陳情してきてほしい」

言われた通り、野中は自治大臣に会うために東京へ向かった。そして、京都駅で新幹線に乗ろうとしたとき、自民党の府会議員にばったり会う。「選挙の最中にどこへ行く」と訊かれて、東京へ行くことを告げて別れた。ところがこの府会議員が「野中は、選挙から逃げた」と吹聴し、その情報が京都新聞の記者に伝わるところとなった。当時、京都新聞は反蜷川キャンペーンの真っ最中だった。その日の夕刊に出た見出しが、

「野中京都府町村会長、洞《ほら》ヶ峠を決め込む」

「洞ヶ峠」とは京都の八幡市と大阪の枚方《ひらかた》市の境にある峠。かつて山崎の合戦で羽柴秀吉と明智光秀が激突した際、明智に加勢を求められた武将の筒井順慶が、どちらに味方しようかと、ここで戦況を打ち眺めていたという、事実とは異なる言い伝えからくる故事で、日和見の代名詞だ。

「すぐに帰ってきてください」

この記事を見た府の総務課長から電話が入った。野中が「今日は無理だ」と断ると、総務課長は一方的にこう言い放った。

「では明日、(大臣に)お会いになったら京都府の車をまわしますから羽田に走ってください。伊丹にも車を待たせておくので、そのまま亀岡に行ってもらえますか。そこで蜷川知事が街宣車に乗っておりますので、その車に乗って、身の証を立ててください」

ここで野中の堪忍袋の緒が切れた。

「もういっぺん言ってみろ。俺は腐っても公選で選ばれた町長だ。身の証を立てろとはどういうことだ。一役所の課長が、そういうことを言うのか」

野中はすぐに京都府町村会長を辞任し、蜷川知事の選挙に加担しないことを宣言した。

田中角栄の支配下へ

役人は蜷川の支持基盤である共産党にも忖度し、共産党の息がかかった組合や病院など、あらゆる組織に補助金を流し込んだ。「忖度」どころか、京都府の職員や教員として給料を税金からもらいながら、実際は共産党系組合の専従として活動している「闇専従」も黙認されていた。

すべてを「蜷川一色」に染めようとする役人と共産党への野中の怒りが、ついに爆発した。野中は一九六六年一一月に町長の二期目が満了となったのを機に、身を引いた。反蜷川を宣言した以上、町民に迷惑がかかってはいけないと判断したのだ。

現在の日本の政治状況に目を転じれば、森友・加計学園の問題で浮き彫りとなった「安倍総理への忖度」を視界に入れざるをえない。強力なリーダーの体制下では、時代と地域性を超えて、役人の振る舞いが本質的に同じであることがよくわかる。問題は、変わることのない「忖度」によって世の中の条理がゆがめられた時、それに立ちはだかり、正そうとする者がいるかいないかだ。それが、時代のクオリティを決めるのではないだろうか。

野中が蜷川と決別したことの背景には、田中角栄の存在があったことも否定できないだろう。一九六六年の府知事選において打倒蜷川で動いていたのは、前年に自民党幹事長に就任した田中角栄だった。田中は自ら園部町にも立ち寄り、浜田の応援演説を行った。その時、傍らには野中の姿もあった。

野中は、町長として蜷川には逆らえないと思っていた。しかし、幾度となく面会して陳情した田中との関係も重要だった。蜷川と田中の板挟みになっていた野中だったが、蜷川府政への不信に加え、権力への階段を駆け上がっていた田中を仰ぎ見つつ、政治家として自らの先を読んだ打算も生じていたはずだ。

揺れ動いてきた野中にとって、総務課長との忖度騒動は、決別へのまたとないきっかけとなったのではないか。野中はついに田中の支配下へと舵を切ることになる。一九六七年には自民党に入党し、この年の四月に行われた京都府議会議員選挙に出馬、見事、初当選を果たしたのである。

6　田中角栄の影

共産党の「闇専従」問題を追及

「蜷川府政は清潔でない。蜷川府政は民主的でない。蜷川府政は府民の暮らしを守っておらない」

一九七〇年二月一六日、蜷川が全国で初の六選を目指す知事選を間近に控え、野中は府議会本会議でこう批判した。

「蜷川さんは共産党を強くし、そして京都を、日本列島における革命の最大基地にしようということの考え方は（中略）全体的な府民の奉仕よりも、蜷川府政をどう固定化するか、そういう行政が優先されている」

「知事は常に絶対者でありまして、責任を問われない立場にあります」

「（幹部職員は）自分の身をいかに守るかと保身的になっております。その結果、府政は非常に無気力であって、停滞ムードが充満しています」

役人たちの「忖度」を戒めず、胡坐をかいて「絶対者」の地位に安住する蜷川への痛烈な批判だった。蜷川知事はこう反論した。

「そういう意見をおもちになることも自由であるけれども、我々の方は、我々の考えを持ってやってきている。京都府の行政は混乱しているどころか、整然として進んでいる」

野中にとっては、その「整然」のありようこそが問題だった。蜷川と共産党による締め付けと、忖度による「整然」の中に、野中は軍国教育で経験した「一色に染まる」ことと同様の不気味さを感じていたはずだ。

独自の情報網から政敵の弱みと急所をつかんで凄み、黙らせ、屈服させる手法を、野中は蜷川との闘いで身につけた。この日の質問の際も、共産党議員からの野次がすさまじかった。野中は壇上から冷静に言い返す。

「野次はなかなか立派ですね。しかしね、あんた方の選挙に誰が金を出しているか、どの建設業者が金を出しているかと、私から発表されて困らないのですか。余計なこと言いなさんな」

議員たちの個々の資金ルートまで調べ上げての反論だ。この手法で、共産党の「闇専従」問題も追及した。

「組合の専従は本来は組合員から徴収した組合費の中から給与を払うべき筋あいのもので

である。それを府民の税金を使って活動するとはとんでもない考え違いである」（『私は闘う』）

野中は共産党に近いと見られる府職員をリストアップし、組合との関与の実態を詳しく調べ上げた。

「闇は闇だから見えません」

そう答弁した蜷川にも腹を立て、野中は府議会で一人一人実名をあげて追及した。組合は抗議デモを行い、野中の自宅には猫の死体まで投げつけられたという。ついに野中も体調を崩し、平衡感覚を失ってまっすぐに歩けなくなるほどだった。それでも両脇を抱えられながら議会に出席し、野中は追及を続けた。ついには副知事が闇専従の実態を認め、組合を謝罪させるまでに追い込んだのである。

府議会を舞台にした、蜷川と野中の対立にも、田中の影が尾を引いていた。

戦後保守の「大衆化した政治」

野中の府議時代は、一九六四年一一月に発足した佐藤内閣の時代にスタートした。経済の高度成長とともに、戦後の保守政治が安定期に入っていた時期だ。国民総生産は一九六六年にフランス、一九六七年にイギリスを抜き、一九六八年には西ドイツを抜いて、世界第二位となった。日本は戦後の荒廃から完全に復興したのである。

その一方で、まだ地域格差は顕著であり、社会インフラの整備を求める声は地方で大きかった。

「もっと豊かになりたい」という人々の欲望を吸収した、戦後保守の「大衆化した政治」は、田中の『日本列島改造論』でピークを迎える。

田中は、「列島改造」を政策綱領とし、一九七二年七月に内閣総理大臣に就任した。蜷川は、池田勇人の「所得倍増計画」から田中の「列島改造論」に至る成長路線を批判していた。一九七二年九月に行われた府下町村の正副議長研修会で、田中の「列島改造」を、こうこき下ろした。

「学問的にはほとんど意味を持っていない。政策的に実現できない。日本列島を改造する政策の基本理念がない」

「我々経済政策をずっと学問してやってきた者から見ると、体をなしていない」

この発言を野中は一〇月二日の府議会でとりあげて、逆に批判したのだった。

「小学校出の学歴のない総理、そんな人が書いたものは学問的な価値はない、政策的な理論にも乏しい、自分のような学者生活を長くやっていた者から見ると話にならん、と言っておられるように聞こえてならない。（中略）蜷川さんも革新とか何か言っておられるけども、学歴偏重の人であったのかなあという感じを私は強くいたしました」

そして野中は田中をこう評価した。

「新潟の山奥の百姓の小せがれが苦学力行、衆議院議員を二五年重ねまして、そして日本の総理になったことは、なるべくしてなったのであります」

「日本列島改造論は、我が国の政治、経済の取り組むべき方向を、田中総理自身の政治使命感を織り交ぜて明確にしたものであります」

この時、野中が自民党の府議会議員となってから、すでに七年がたっていた。戦後保守の本流を地方で支える中で、野中が「ミニ田中」になっていることが読み取れる。これは、平和で豊かでありたいという庶民の欲望を反映する保守政治の宿命だったとも言えよう。

大衆化に基盤を置く戦後保守にとって、蜷川の強力なリーダーシップは、たとえ「住民第一」という理念があったとしても、「エリート主義」という性格を色濃く持つのであり、結局のところ、許されざる敵となった。「反中央、反権力」が蜷川の政治原理であったが、京都の中では、蜷川と、彼を取り巻く共産党が、「小中央、小権力」となっていた。

民主主義を実現するための「反権力」が、新たな「権力」となって独裁に転化してしまうのは、左翼勢力が権力を握ろうとするプロセスにおける宿痾《しゅくあ》ともいえる。

田中的な戦後保守は、常に国民大衆の側に立とうとしてきた。だからそこには、凝り固まった理念はない。一つ普遍的な価値があるとすれば、国民の暮らしを破壊する戦争を許さないということだろう。そして、戦争を許したもの、戦争につながるものに対しては、執拗なまでに批判を加えたのである。

墓場から戦争責任を告発する

蜷川は戦争中の一九四三年三月、京都帝国大学経済学部の教授時代に、『女性と戦争生活』という著作を刊行している。国立大学の教授という立場もあって、その文章には「戦意高揚」とも受け取れる内容があった。

「われわれ日本の国民は、有難い国体の下に国民として生れたことを感謝し、われわれの命が、大君に捧げまつつた命であることを喜とするその精神に生きてゐることは申すまでもないところであります」

「私共は、生活でもつて米英撃滅戦を徹底的に戦ひ勝抜くとともに、東亜新秩序の建設に邁進し、この生活を以て東亜を指導し、世界を指導し得るものとしなければならない」

蜷川は経済学部長にまで昇任したが、戦後の昭和二一年三月、自らの戦争責任を認めて辞職した。蜷川のけじめのつけ方を野中が知らないわけがない。だが野中は、一九七四年二月の府議会で、あえて蜷川の戦争責任を追及した。まず、自らのもとに届けられた一通の手紙を紹介した。蜷川の教え子で学徒動員された一人息子を持つ母親からのものだった。

その息子は「蜷川教授は、ペンをとることより銃をとることが諸君の現在の道だと教えられたけれども、僕はやはり勉強がしたい」と言い残して戦死したという話だった。野中は、蜷川の著作『女性と戦争生活』の一部を壇上で読み上げたうえで、こう批判する。

「戦後28年のあなたの書かれたものに、あるいは話される中に、戦争時代のみずからを反省し、かつ心から詫びられたという事実を私は知らないのであります。（中略）知事もまた戦争指揮をしながら、今日のうのうとわれわれの先頭に立っておる一人と言わなくてはなりません」

「私たちとあまり年令の変わらないこの若い学徒出陣をした学生は、そのよき時代を知らないで死んでいったのであります。（中略）生き残ってきた私としては、そういう年代の諸君に代って、墓場から私は告発をしなければならないと思うのであります」

野中の追及に対し、蜷川はすでに責任を取ったことを改めて強調し、こう答弁した。

「私は昭和21年の2月の末日に、われわれが戦争中におけるいろいろの点を反省して、学部を辞めたのであります。それでなお今いろいろおっしゃるのは、死屍にむちうつがごときものであろうと私は思います」

「私は銃をとらしたくないから帝国大学教授としてつとめたのであって、ペンをとるよりも銃をとれと言ったような覚えは絶対にございません」

蜷川はかなり強い調子で反論している。

野中にとっては、充分な手ごたえのある追及だったようであり、『私は闘う』の中でも、「一矢を報いたという意味で思い出深い」と述べ、「さすがの蜷川さんも大いにうろたえ、『私の日々の活動がその反省であります』と答弁するのが精一杯だった」と回顧している。

蜷川の答弁を読む限り、「大いにうろたえた」という様子は見受けられないが、野中の「死屍にむちうつ」執拗さが、徐々に蜷川府政を追い詰めていったことは確かだろう。この府議会直後の一九七四年四月に行われた府知事選で、蜷川は七選を果たすも、野中ら自民党が支援した大橋和孝が蜷川の五二万三七〇八票に対し、五一万九二〇八票を獲得し、わずか四五〇〇票の差まで肉薄したのである。

蜷川はこの選挙を最後に七期目の任期終了後に引退した。一九七八年の府知事選で、野中は参議院議員だった林田悠紀夫を擁立し、勝利した。野中は、蜷川による七期二八年にわたる革新府政に終止符を打ち、府政を保守の手に奪還することに成功したのだった。

第三章　虎視眈々

1　布石

弱者のための強い権力

二〇一八（平成三〇）年六月、園部町にある障碍《しょうがい》者支援施設「こひつじの苑」の会議室で、野中の胸像がお披露目された。野中は倒れる直前の前年六月まで、この施設の理事長を務めていた。

野中が身体障碍者問題と出会ったのは、府議会議員時代の一九七七（昭和五二）年に、「こひつじの苑」の創立五周年セレモニーに出席した時からだ。「こひつじの苑」は、カトリック系の団体によって、一九七二年に日本で最初の障碍者支援施設として設立された。

野中は、障碍者たちが動かせる部分を使って仕事に励む姿を見て、「人間の強さを見出した」という。障碍者が働く場所を提供したいと思い、実際に自ら足を運んで関係施設などを視察した。そして、一九七九年、苑の隣の土地に授産施設「京都太陽の園」を設立した。その後、「こひつじの苑」と一体運営し、いまでは舞鶴市、宮津市と合わせて九ヵ所の施設を持つに至っている。

野中の政治を「弱者に寄り添う政治」と評する人がいるが、私は「寄り添う」という、どこか偽善的な生ぬるさのある言葉は、野中にふさわしくないと思う。野中の弱者への関わり方は、言葉だけの同情や、親切ごかしの口利きといった、ありふれた政治のレベルではなかった。それはまさに、「弱者と共に動く」政治だったと思う。

その意識はどこから湧き上がってきたものなのか。私は改めて弟の禎夫に尋ねてみた。

「やはり両親の影響が大きいと思いますよ。両親は、戦災孤児の面倒を見るだけでなくて、自分たちがつらい思いをしても、それでも弱い立場、恵まれない環境にある人を手助けしようという意識が強かったですからね。

友達や先生とのことでつらいことがあっても、両親は、『絶対に相手を責めたらあかん。こっちからどうのこうの言ってはダメだ。だれにも何も言うたらあかん。戦争でどこの家も大変だから』って言うた。兄はすでに町会議員でした。つらいことがあっても、私は兄にも言いませんでした。兄も大阪の仕事場で苦労したようですが、自分の胸の内におさめたと言っています。両親の生きざまと考え方が染みついていたと思いますよ」

理不尽なことも受け入れ、それでも長年にわたって戦災孤児に食事をふるまい続けた両親から学んだ生きざまとは何だろうか。それは一時の感情にまかせて騒ぐことはせず、地道に努力を積み重ね、真面目に生きる姿勢だったと私は思っている。

なりたくてなるわけではない障碍者に対する野中の視線も、その生きざまから生まれたものだったであろう。一時の同情で終わることなく、社会の差別や無関心から彼らを実際に守ること、差別や無関心がしみ込んだ社会の精神構造を変えることを野中は目指した。野中にとって政治権力とは、社会構造を変革するために必要な武器だったのだ。

「こひつじの苑」はカトリック系の教会が運営していたが、その枠内だけでは資金繰りも含めて限界があった。社会福祉法人「京都太陽の園」は、土地は京都市が提供、建物は府の予算、運営は民間が行うという官民一体型の施設となった。これを実現したのが、野中の政治力だった。「京都太陽の園」が完成した一九七九年九月、野中は林田知事のもとで副知事に就いていたのである。

「弱者」のための政治は、強くなくてはならない。より強い権力を求めて、野中の闘いはますます激しさを増していく。

前尾繁三郎の推薦で副知事に

野中が副知事に就任したのは、一九七八年一〇月一四日のことだ。林田府政が発足してから半年が経っていた。就任が遅れたのは、野中の副知事就任に共産党や社会党が反対したからだ。それまで副知事は一人体制で、すでに自治官僚の荒巻禎一が副知事に就任していた。府政史上初となる二人体制にするには、条例の改正が必要だった。本会議は徹夜となり、条例改正は僅か二票差で可決されたのだった。

野中の副知事起用を推したのは、衆議院議長にもなった前尾繁三郎である。前尾は一九〇五（明治三八）年生まれ、大蔵官僚を経て、吉田政権下の一九四九（昭和二四）年の衆議院選挙で旧京都二区から初当選を果たす。一九五七年には岸内閣において通産大臣として入閣。一九六〇年に池田勇人内閣が発足すると、その側近として自民党幹事長に就任した。政界きっての教養人として知られ、池田の政策ブレーンでもあった。

一九六五年八月、池田の死去に伴い、その派閥「宏池会」を引き継ぎ、会長となった。しかし佐藤栄作政権が長期化し、一九六八年には佐藤の三選を阻止するため総裁選に出馬するも惨敗。ここから、前尾と、派閥からの総理総裁選出を目指す大平正芳らとの対立が深まる。大平が若手議員を煽り、事実上のクーデターが起こり、一九七一年に前尾は派閥会長辞任に追い込まれた。

前尾繁三郎

それでも前尾は、京都では蜷川府政に対して保守勢力を守り続けた雄である。一九七三年には衆議院議長に就任したが、蜷川からの府政奪還の意欲は衰えることがなかった。蜷川府政が終わった一九七八年の府知事選挙では、林田擁立の中心的存在となった。そこで大きな役割を果たしたのが野中だった。

当初、林田は出馬に難色を示していた。参議院で当選三回であり、大臣ポストが目前だった。また、参議院が与野党で伯仲しており、自民党執行部は一人たりとも議席を失いたくない。当時は福田赳夫《たけお》内閣で、幹事長は大平だった。前尾と大平は派閥のお家騒動以来、犬猿の仲となっていた。大平は、前尾が求める林田の擁立に首を縦に振らなかった。しまいには、林田本人が入院してしまう始末。立候補を逃れるための入院であることは明白だった。

万策尽きた前尾は、擁立失敗の責任をとって、議員辞職することを決意した。その前尾が衆議院議長を務めた時、国会事務方の秘書として仕えたのが、後に自民党参議院議員となる平野貞夫だ。前尾は平野に、議員辞職の手続きを相談した。

「蜷川共産党府政を、ようやく倒す好機なんだ。岩盤のように強い共産党勢力に勝てるのは林田君しかいない。そして、そのことを府民に約束したのは僕だ。だが、林田君の立候補が絶望的になってしまった。政治家が責任を果たせなくなれば、有権者に詫びなきゃならん。政治家は責任が命だからな。頼むから議員辞職の手続きを説明してくれ」

平野は断ろうと思ったが、前尾があまりに思い詰めた表情だったので、まずは意向にそって話を聞き、少し時間を置こうと考えた。

「一般論としては、議員辞職願を議長に提出します。それに、一身上の都合とか、知事選挙出馬のためとか、簡潔に理由を付しますが、前尾先生の場合は、国会の議長、三権の長を経験されているので、通例の辞職願ではなく、特別な理由が必要になると思います」

「わかった。私の気持ちを踏まえて、理由書の草案をつくってほしい」

「難しい作業となりますので、少し時間をください」

そう平野は応じ、時間を稼ごうとした。

その後、平野は一九九二年の参議院選挙で当選し、国会対策や政策立案の分野で小沢一郎のブレーンとなり、懐刀とも呼ばれるようになる。後に野中とは対立し、時に手を結ぶ複雑な関係となるが、出会いの時は、絶妙な連携を演じることになった。平野が前尾の議員辞職で頭を抱えているところに、野中から連絡が入る。

「私は林田立候補に向けて大平さんの説得を続けています。前尾さんの議員辞職の話を聞きましたが、すぐに理由書を書かずに、時間稼ぎをしてほしい」

同じ思惑の野中に背中を押され、平野は前尾から催促されながらも、五日間、時間を稼いだ。その間、野中は大平と直談判している。国会議事堂の衆議院二階にある自民党幹事長室に押しかけて、大声を張り上げた。

「前尾さんを辞めさせますか、前尾さんが辞めるということは京都の所属国会議員全てを辞めさせるということですよ。我々も集団離党致します。それでもあなたは林田さんを出しませんか」（『私は闘う』）

野中は表で喧嘩を演じただけではなかった。

手腕と経験と胆力と

その裏で野中は、闇将軍として君臨していた田中のもとを訪れ、大平を説得するように懇願していた。田中は大平に連絡を入れた。大平は、野中に外堀、田中に内堀を埋められたかたちとなった。

平野が当時を振り返る。

「野中さんから事情を聞いた田中さんが、大平さんに直接、連絡をしたんです。『前尾さんは大事な人だ。この人を死なすわけにはいかん。参院の数が減っても、国会運営は野党とよく話せばすむことだ』と説得したそうです。前尾さんは『野中君に政治生命を救ってもらった』と感謝していました」

結局、大平は林田の出馬を認めた。

野中は後に、平野に直接こう語ったという。

「あの時期、私は上京するたびに、田中さんと会って、京都府知事選の状況を報告していたのです。前尾さんの悩みについてももちろん話しました。そんな私の説明で、田中さんが動いてくれたのかもしれません」

大平は田中の盟友と言われたが、資金力、派閥の員数から見て、主従の従であることは間違いない。クーデターによって派閥会長の椅子を前尾からもぎ取った時も、田中から相当の協力を受けていた。大平はその田中の要請を断ることはできない。田中を動かし、大平を動かす野中の根回しは、まさに「ツボ」をおさえたものだった。

こうした経緯もあり、前尾は野中の政治手腕を高く評価した。根強い共産党の抵抗、公務員組合や同和関係団体との折衝に当たるには、林田の参謀として、野中の手腕と経験と胆力が必要だと思った。自らの政治生命を救われた恩義も感じている。周囲の推薦もあって、前尾は二人目の副知事に野中を押し込んだのである。

期待に応えて、野中は副知事としても実績を上げた。組合闇専従根絶をさらに徹底した。公務員天国と言われた京都では、野中によると、課長以上の役人の食費や家庭の電話代まで役所が払っていたが、それも調べてやめさせた。共産党機関紙を公費で購入するのもストップさせた。共産党関連団体への補助金も、つぶさに調べて絞り上げた。

「私はそういう憎まれ役をやった。解放同盟、全解連、同和会、失対、府職労などの交渉はほとんど私が引き受けてやった」（『野中広務 回顧録』）

この業績が、野中の国政進出への決定的な布石となった。

2　ものがたりの謎

竹下登に懇願されて、という物語

野中は一九七八年一〇月から一期四年、京都府副知事を務めた。それから、国政進出までの経緯を、一貫して次のように説明している。

「副知事のお務めは一期限りと決めていた。林田知事からは慰留されたが断った。なぜなら、町議から修羅場をくぐってきた私に多くの人が頼ってくる。保守中道の府政が続いていくためには、個人の手腕に依存するのではなく、組織として強くならなければならない。私のように個性の強い人間はけじめをつけるべきだと考えた。

年齢もすでに満五七歳。やるべきことはやった。政界からは引退しよう。そして、残りの人生を、やりかけた重度障碍者支援施設の仕事に捧げようと思っていた。

ところが旧京都二区で、副知事退任直前に前尾さんが急逝した。さらに、退任して一年もたたないうちに谷垣専一さんも亡くなり、二議席空いて補欠選挙が行われることになった。そこで、竹下さんから補欠選挙に出るように言われた。はじめは年齢のことがあるので断った。『私は今五七歳で、あと二ヵ月したら五八歳になるんだ。そんな時に選挙に出て、これから衆議院をやるなんてアホなことできますかいな』と言った。すると竹下さんが『それはわかる。しかし、今、地方を知った政治家がだんだんいなくなった。周りを見ると地方の苦しみや痛みを感じない二世、三世の政治家ばかりだ。このままいったら日本の政治がどうなるのか心配だ。お前ほど、地方政治を知る人間はいない。遅くても出てきて発言してくれなければ自民党だけではなく日本がおかしくなる』。青年団活動の時からお世話になった竹下さんに切々と懇願され、散々迷ったけれども、とうとう出馬を決断した」

ところが、この「ものがたり」は事実とかなり違うのである。福祉に人生をささげようと思った時期があったのは確かかもしれない。竹下が出馬要請したことも紛れもない事実であろう。だが、副知事を退任する以前から、野中は確実に衆議院選挙出馬を決断していたし、その準備を着々と進めていたのだ。

野中が副知事に就任して一年ほど過ぎた一九七九年一〇月七日、衆議院選挙があった。一九七八年一二月に大平が総理となり、消費税の導入を唱え、初めての総選挙だった。しかし消費税は、自民党への凄まじい逆風を巻き起こした。一九七六年に発覚した田中のロッキード事件によって、金権政治への批判もおさまっていなかった。大平は、途中で消費税導入を撤回したものの、自民党は過半数を下回る惨敗となった。前尾も落選の憂き目を見ている。

この頃から、野中は前尾後援会との関係を深めていった。旧京都二区は池田勇人が築いた派閥・宏池会の牙城だった。丹後地方を前尾、丹波地方を大平内閣で文部大臣を務めた谷垣専一が地盤として、議席を守り続けた。

心の奥底からほとばしる言葉

ところが一九七八年の逆風選挙では、保守の二人が、保守票を食い合う状況となってしまう。苦しさに耐えきれず、谷垣陣営が前尾の地盤にも手を突っ込んできた。その結果、谷垣は当選、前尾は落選となる。当然ながら前尾陣営には怨みが残った。「谷垣陣営は許せない」という勢力が、前尾の後継として野中を推す動きにつながった。野中は確実に支持基盤を広げていた。

前尾の秘書を務め、後に後援会事務局長となった、今の自民党参議院議員・二之湯智も、「(野中は)府会議員の時から、いつかは国政に出てくると思って、非常に警戒していた」と証言する。自分の後援会が野中に侵食されていくことに前尾も不快感を抱き、厳しく注視したとされる。

「君らにだまされた」

前尾はいらだたしげに平野にこう語ったという。平野が野中の手腕を評価していたことへのあてつけもあったのだろう。前尾は野中を副知事にしたことを後悔していた。平野によると、前尾は自らの後継者を、元大蔵省財務官で、当時、海外経済協力基金総裁だった細見卓にしたいと思っていた。しかし、細見が出馬に踏み切ることはなかった。

「後継者にしたいヤツは逃げるし、しちゃいかんヤツらは出たがるし」

前尾は平野に、こう愚痴をこぼした。

野中には世話になったという負い目もあり、前尾は露骨に野中を遠ざけることはなかった。できなかったといった方が適切かもしれない。野中が、敬遠できないほどの力を持ち始めたことの証左でもあろう。

前尾は落選した次の年の選挙で再び当選を果たした。しかし体調も優れず、引退の噂が絶えなくなる。一九八一年七月に入って間もなく、平野は神田にある料理屋に呼ばれ、前尾からこう言われた。

「周囲では私の後継者の噂が出ている。そのうち、君に必ず探りを入れてくる連中がいるはずだ。そうしたら、後継者は有権者がつくるものだ、辞める人間がつくるものじゃないと前尾は言っていると話しておいてくれ」

その二週間後に、前尾は自宅で倒れて急逝した。二年後に谷垣も死去し、補欠選挙が決まった際、前尾後援会の幹部たちが平野に訊いてきた。

「前尾さんは誰を後継者と考えていたのか」

平野は、そのたびに、前尾に言われたとおりに話した。

「後継者は有権者がつくるものだ」という言葉が、結果として野中を後押しすることになった。すでに前尾後援会に強固な支持基盤を広げていた野中は、有力な後継者となったのである。

二之湯は、当時の状況をこう説明する。

「前尾後援会は谷垣さんの息子の禎一《さだかず》さんを支持する人、前尾の側近で京都市議会議長だった林長禎を支持する人、そして野中さんを支持する人の三勢力に分かれていった。しかし、野中さんの政治家としての手腕は群を抜いていた。それは誰もが認めていた。野中さんの魅力は、人の心を打つ言葉にあった。それは単なる雄弁ではなくて、長い苦労を重ねた人生から、心の奥底からほとばしるようなものだ。決して論理的ではないが、心に響く言葉だった」

野中は一九八二年一〇月一三日に副知事を退任するが、その少し前の同月四日、林田から慰留された二期目の副知事を正式に断り、記者団にもそう語った。地元各紙では「衆議院への出馬が確定的」と見出しが躍った。地元関係者の多くが、野中の国政進出への動きを察知していたのだ。

叩き上げ政治家の面目躍如

実際に退任が決まった一ヵ月後の一九八二年一一月、野中はＪＲ京都駅八条口の真ん前に事務所を構えた。さらに一二月には国会近くにあるＴＢＲビルの竹下登事務所を間借りする形で「東京連絡事務所」を仮設した。

年が明け、一九八三年の二月二七日には、京都市内のホテルで、「野中ひろむ君をねぎらい励ます会」と銘打って大々的にパーティーが開催された。およそ四〇〇〇人が駆けつけ、中継モニターで結ばれた特設会場が設けられるほどの盛況ぶりだった。中央政界からは、当時大蔵大臣だった竹下、田中派のプリンスと言われ後に総理となる橋本龍太郎らが顔をそろえた。親しい記者だった海野謙二が、『野中広務―素顔と軌跡』でこのパーティーの様子を詳しく書き残している。

竹下が挨拶に立つ。

「誰しもが自然と歴史と伝統をもつ京都を日本人の心のふるさとであると思っている。そういう意味において私は、野中さんがこうした気持ちを子や孫に伝承している林田府政と国会との架け橋になろうとされている心意気に心から感謝している」

橋本はこう持ち上げた。

「竹下さんが総理になった時には、野中官房長官が誕生するよう願っている」

そして野中の挨拶は、まさに叩き上げ政治家の面目躍如だった。

「私は今日まで下積みの人生と下積みの地方自治を経験しました。おかげで丹後の海の匂い、府内の土の香り、さらには京都府内全域の路地裏の悩みや苦しみを、この身体に刻み込んできました。これから天下国家のことは立派な政治家にまかせて、課題の多い京都の発展のために林田さんの手足となる政治家になることを念じています」

事実上の国政進出宣言と言っていいだろう。

前述のように、この年の六月二七日に谷垣専一が死去し、同じ選挙区から二人欠員が出たことで、補欠選挙の実施が決まった。ほどなく、谷垣の長男、禎一が弔い選挙として出馬の意向を固めた。そして、前尾票も取り込もうと、前尾後援会会長だった、元亀岡市長の大槻嘉男に協力を求めようとしていた。

二之湯が、その情報をいち早く聞きつけた。

「谷垣さんが行く前に大槻さんの自宅に行って、支持を取り付けた方がいいですよ」

二之湯のアドバイスを聞いて、野中はすぐに大槻の自宅を訪ね、自らの後援会の会長就任をお願いした。野中と同様、反蜷川の急先鋒だった大槻は、この要請を快諾する。国政選挙のノウハウを知る大槻の協力は、野中にとって強力な地盤固めとなった。何よりも、「前尾後継」という印籠を手中にしたわけである。

一連のスピーディーで確信に満ちた野中の動きの中には、「竹下に請われ、ギリギリまで迷った」という形跡はまったくない。

闘いのための「リスクヘッジ」

補欠選挙の二名の公認枠を巡っては、谷垣専一の長男で弁護士の禎一、前尾側近の林長禎、京都府議会議員の小林弘明、そして野中の四名が名乗りを上げた。この時、党本部で選挙を仕切っていたのは、総務局長だった小沢一郎だ。もちろん、背後には竹下もいれば、田中もいる。谷垣とならんで野中が公認を受けたのは、当然の流れだった。

二之湯は補欠選挙直前に野中後援会事務局長となった。

「前尾事務所の先輩秘書たちも、野中さんに比べれば他の候補者は赤ん坊みたいなもんだと言っていました」

誰もが認める力量を持ちながら、なぜ野中は事実とは異なる「出馬ものがたり」を語らねばならなかったのだろうか。

自らが目指すものを実現するには、権力を握らなければならない。しかし、そのためには、いくつものハードルが横たわっている。それは年齢と年次の壁だ。田中派で次のリーダーとしての地位を築いていた竹下のもとには、後に七奉行と呼ばれるようになる実力者が存在した。当選六回の小渕恵三と橋本龍太郎、当選四回には小沢一郎、羽田孜《はたつとむ》、奥田敬和、渡部恒三、そして当選三回の梶山静六である。梶山と奥田はほぼ野中と同年代だが、他は一回り以上年下だ。

高齢になってからの初当選組には、「カミソリ」という異名をとった後藤田正晴がいた。一九一四（大正三）年生まれの後藤田は、野中が出馬する七年前の一九七六年一二月の衆議院選挙に六二歳で初当選している。だが、すでに後藤田は警察官僚として警察庁長官にまで上り詰め、田中に請われて内閣官房副長官にも起用されていた。田中の強力なバックアップで、当選二回で初入閣、当選三回で中曽根内閣の官房長官となった。あまりにも早い出世に、「七奉行」でさえ嫉妬した。そのたびに、田中は「お前らが二人、三人束になっても、後藤田の実力にはかなわない」とはね付けたという逸話が残っている。

中央官僚としての人脈と影響力、闇将軍としての田中の権勢が絶頂期だったという時代背景を考えれば、同じ高齢初当選と言っても、後藤田はあらゆる意味で野中を超越していた。

京都の「叩き上げ」といえども、年次主義が徹底していた中央政界で、何を叩き上げて権力の階段を上るのか。果たして上ることができるのか。五七歳になる野中にとって、残された年月はそう長くない。選挙戦への高揚感が高まると同時に、その先への不安もあったはずだ。

できるだけのことはやってみよう。それでダメなら、また園部に戻ればいいではないか。激しい権力闘争を見据えつつも、心の余裕を持たせるための、一種のリスクヘッジが野中には必要だったのではないか。その「リスクヘッジ」があるからこそ、国政でも「捨て身の迫力」、「背水の陣の凄み」を演じることができるのだ。「請われて出馬」という「ものがたり」は、そのためにどうしても必要なリスクヘッジだったのではないかと思われる。

私は自ら強く望んで国政に乗り出したわけではないと、自分にも思い込ませ、周りにも知らしめることで、野中はより自由を得ることができたのではないだろうか。その自由が、野中の闘いの一つの精神的な拠点になったはずである。

「失うものはなにもない」

野中はよくこう話した。それは自らに言い聞かせている言葉のようにも響いた。

3　国政

「愛のない社会は暗黒である」

夏の暑さはピークを迎えようとしていた。一九八三年七月一八日、補欠選挙の告示日、京都・嵐山で候補者が「揃い踏み」に臨んだ。

野中は薄いグレーのスーツに、タスキを左肩からかけた。カメラの放列に向かって一番左に立ち、笑顔で手を振った。

その右隣には共産党の有田光雄。ジャーナリストで今は参議院議員である有田芳生《よしふ》の父親だ。真ん中には同じ自民党公認の谷垣禎一、そして無所属の林長禎、社会党の山中末治と並んだ。このほか二名を合わせ、七人が前尾と谷垣の死去に伴う二議席を争った。

旧京都二区は、京都市内の伏見区、右京区、西京区から、野中の地元である園部町のある船井郡などの丹波地方、さらに若狭湾を取り囲む丹後半島、宮津市、舞鶴市に至る広大な選挙区だ。

長年、野中の秘書を務めた山田広郷は、大学二年生の時に、アルバイトでこの選挙を手伝った。

「とにかく選挙区が広いから、移動だけでも大変なんです。朝の街頭演説の場所取りをするために、前の日から車を置いて泊まり込む。他の候補が後から来たら、どかさないといけない。しかし、ついつい朝寝込んでしまう。はっと気がつくと、共産党とかの大きな街宣車に囲まれてしまっている。それでも野中さんに怒られることはなかったです。別の場所でやればいいじゃないか、と」

山田は、末端の運動員だったためじっくりと演説を聞く時間がなかったが、期間中、伏見区の小学校で行われた各候補の立会演説会だけは聞くことができた。

その時の野中の演説の一節が忘れられない。

「愛のない社会は暗黒であり、汗のない社会は堕落である」

この言葉を聞いた時の衝撃は、今も胸を貫いているという。

「どんなに立派に天下国家を語っても、事情を抱えて困っている人、社会的弱者に対する愛情がなければ、国民のための政治ではない。そして、努力して結果を出したものが、正当に評価される社会にこそ活力が生まれる。そう考えていたんだと思う。国鉄時代も、政治の世界でも、嫉妬され、様々に足を引っ張られた。努力しないものが、した者を嫉妬し邪魔することは、まさに愚かであり堕落であるということを訴えたかったのでしょう。本人も真面目に努力する人だった。これは誰もが認めます。人生のすべてが詰まったような言葉です」

また、その演説会で、野中はこうも言ったという。

「おごれる人も久しからず。盛者は必衰です」

御存じの通り、『平家物語』冒頭の一節だ。もちろん、これは終焉を迎えた蜷川革新府政を評して出てきた言葉だが、山田は、野中が自らに発した警鐘だとも思えたという。権力はいつまでも握り続けることはできない。また、恋々と執着すべきでもない。権力は必ず腐敗し劣化するものだ――と。

「すでに権力の実態を理解していたからこそ、選挙にあたって権力のはかなさを再確認し、自らへの戒めにしたのでしょう。そうしたことを前提に、後世に恥じない権力との向き合い方をしようと考えていたのではないでしょうか」

こう山田は分析する。

田中政権の崩壊

選挙は大接戦となった。開票日の午後九時半頃、まず谷垣に、メディア各社が当選確実を打ち始めた。共産党の有田と野中で、残り一議席を巡って競り合いが続いたが、地元の民放テレビが有田の当確を報じた。有田陣営はこれを見て、バンザイ三唱を行った。

野中は、市内のホテルで妻つた枝とテレビで開票の様子を見守っていた。有田陣営のバンザイを見て、負けを確信した。

「早く敗北宣言をやろう。支持者も帰るに帰れないだろう。迷惑をかけてはいけない」

そう考えていたという。

「やっぱりダメだったか」

町議選から始まって、これまで選挙に負けたことがなかったが、これが国政の壁なのか。共産党の集票力に、改めて脅威を感じた。長年、闘ってきた共産党に敗れ、行き場のない怒りと苛立ちがあった。

「早く行こう。もうそんなネックレスなんか取れよ」

野中は、つた枝にこう言い捨てると、そそくさと選挙事務所に向かった。

ところが、車が事務所の前に着いたちょうどその時、スタッフから連絡が入った。

「まだ負けていないようです。確認しているので車の中で待っていてください」

まだ、野中の地元である園部町の約六〇〇〇票が集計されていなかったのである。最終的に、その票が乗ることによって、野中は有田の票を上回った。地元の民放テレビの当確は早計であり、野中は見事、当選を果たしたのだ。

ところが、勝利の余韻に浸る間もなく、四ヵ月後の一二月には、早くも二回目の衆議院選挙となった。この頃、すでに田中の権勢には陰りが見え始めていたのだ。

田中は総理大臣に就任した直後、電光石火の訪中で、日中共同声明に署名し、国交正常化を実現した。日中友好の象徴としてパンダも連れてきて、田中の人気は上々だった。「ま、そのー」という田中の会話冒頭の口癖は、テレビの芸人がモノマネし、子供たちの間でも流行した。尋常小学校卒の叩き上げは「今太閤」ともてはやされた。

だが、田中の看板政策である日本列島改造論の実現にともなう財政出動が、一九七三年に入るとインフレを煽った。さらに、この年末からオイルショックが追い打ちをかけ、経済が混乱。田中政権への支持は急速に下落し始めた。田中はインフレ克服の切り札として、11月の内閣改造で蔵相に、自らと激しく権力闘争を繰り広げた福田赳夫を起用した。福田を含め、田中内閣では、三木武夫、大平正芳、中曽根康弘、いわゆる「三角大福中」と呼ばれた各派の領袖が重要ポストに起用されていた。これは田中といえども、今日のように「一強」を築けなかったということでもあるが、当時の自民党では権力に対するチェック・アンド・バランスが真っ当に機能していたということでもある。

凋落傾向を挽回しようと、翌一九七四年七月の参議院選挙では財界から巨額の資金を募り、田中自身はヘリコプターをチャーターして全国を駆け回るという派手な演出をおこなった。しかし金権選挙と批判され、自民党は改選議席を下回って敗北を喫する。

田中政権の崩壊を決定づけたのは、一九七四年一〇月、『文藝春秋』に掲載された二つの特集だった。立花隆の「田中角栄研究」と、児玉隆也の「淋しき越山会の女王」である。それぞれ、田中の金脈問題と、それにも絡む女性秘書との関係が暴露された。大手メディアも田中批判を繰り広げ、国会でも厳しい追及が続いた。田中内閣は、この年の一二月に総辞職に追い込まれる。

最大最強の田中派

後継は金権批判を強めていた三木武夫だった。その政権下、一九七六年二月四日に明るみに出たのがロッキード事件だ。アメリカの上院でロッキード社がトライスターという機種を売り込むために、七〇年代初頭に各国の政府関係者に巨額の賄賂をばらまいたという事実が明らかになった。その後の公聴会ではロッキード社の副社長が、日本の販売代理店だった総合商社・丸紅などを通じ、田中に五億円が密かに渡されたと証言した。

このニュースに激震が走り、田中金権に対する批判は最高潮に達した。それに乗じて三木は捜査の開始を支持し、アメリカ政府にも捜査への協力を要請した。その結果、田中は一九七六年七月二七日に受託収賄罪と外為法違反の疑いで逮捕、起訴され、自民党を離党する。

しかし、田中の権勢が衰えることはなかった。世論は完全に「反田中」だったが、田中派は最大最強であり続けたのである。すでに総理ではなかったとはいえ、田中はれっきとした派閥の領袖だ。派閥の議員にとって、国民の敵となったリーダーを担ぐことは、自らの選挙に影響する。今の政治家だったら完全に浮き足立つことだろう。だが、「最大多数の最大幸福」を目指して築き上げた田中の人脈は、一朝一夕に崩壊するものではなかった。

「約束したら必ず果たす。できないことは初めから請け負わない。ヘビの生殺しはやらない。人の名前を上と下、通しで覚える。顔も覚える。一度、覚えたら間違うことがない。面倒見がいい。かゆいといえば、一〇メートル先からすっ飛んできて、丹念にかいてくれる。かゆくないところまでかいてくれる」

田中の秘書だった早坂茂三の解説だ。田中を中心にして築かれた人間関係は、利害を超えた情のつながり合いとなって、幾重にも輪を広げた。野中もそうだが、この輪の中にいる人間の田中に対する忠誠は絶対だった。

一九七六年一二月の、いわゆる「ロッキード選挙」と呼ばれた衆議院選挙で、自民党は公認候補が過半数を割り込む惨敗となった。その一方で田中自身は、旧新潟三区で、三七パーセントの得票率でトップ当選を果たした。

三木内閣はこれで崩壊し、その後は「角福戦争」を繰り広げた福田赳夫が総理となる。

しかし、一九七八年一二月には田中の盟友である大平が政権を掌握した。田中派は党内最大派閥であり続け、大平にとっては強力な後ろ盾になった。鈴木善幸内閣が発足した一九八〇年、田中派は一〇〇人に達し、中曽根内閣の時代には一二〇人に達する勢いとなった。田中派の協力なくして政権の発足も運営も立ちゆかなくなった。政府のトップであるはずの総理大臣が、最大派閥にコントロールされるという二重権力構造ができあがった。最大派閥に君臨する田中は「闇将軍」と呼ばれた。だが、この田中の権勢に対して、身内から次第に不平不満がわきあがるようになったのである。

田中派内部のフラストレーション

「『駕籠に乗る人担ぐ人、そのまた草鞋《わらじ》をつくる人』と。担ぐどころか、わしらは、草鞋ばかりつくっておる、(中略)どこかで本物の借り物でない総裁を、という気持ちがあった」(『政治とは何か』)

竹下がこう振り返ったように、最大最強でありながら、自派閥から総理総裁を擁立できないことへの危機感とフラストレーションがマグマのように溜まっていた。

竹下は一九二四(大正一三)年、島根県の造り酒屋に生まれた。野中の少し先輩になるがほぼ同年代だ。早稲田大学入学後、昭和一九年に学徒動員で陸軍へ入隊。復員後は学校教員となる傍ら、青年団活動にも熱心に取り組み、活動を通じて野中と知り合った。県議を経て一九五八年五月の衆議院選挙で初当選。佐藤内閣では当時最年少で内閣官房長官に抜擢された。田中内閣でも官房長官に起用され、次のリーダーとして存在感を高めていた。

ところが田中は、あくまでも総理としての自身の復活を目指していた。

「かれはロッキード裁判で無罪を勝ち取るまでは表に出ないで、その間、私と提携し、私を活用して時間稼ぎをするつもりだなと推察していました」（『天地有情』）と中曽根が言う通り、復権を狙っていたのだ。

そんな時期に野中は国政に進出したわけだ。初当選して間もない一九八三年一〇月にロッキード事件の一審判決が出た。田中は懲役四年、追徴金五億円の実刑判決を受けた。野党は田中の議員辞職を求め、国会は紛糾。事態収拾のため、中曽根は重要法案の成立を条件に、衆議院を解散した。いわゆる「ロッキード解散」である。

自民党にとっては逆風の選挙だったが、野中は二回目の当選を果たす。こうして野中の一年生議員時代はわずか四ヵ月で終わった。

4　世代交代

建設族の「ドン」金丸信

田中に対する若手、中堅の不満は、一九八四年末、竹下を中心とした新たな勉強会「創政会」の設立という内紛劇へとつながっていった。この動きが表沙汰になる前、野中は田中から事務所に呼ばれ、こう言われたという。

「竹下がこれから旗を立ててやっていくと思うが、俺がもう一度やったあと竹下がやればいいんだ」（『90年代の証言』五百旗頭真《いおきべまこと》編）

野中は特に反論しなかった。田中がもう一度首相になど、なれるわけもない。野中はこう考えた。

「ああ、この人は大変なことを考えているなあ。ロッキード事件という大事件に遭遇しながら、もう一回、首相をやろうとしているんだ。これは天を恐れぬ考え方だ」（同前）

野中もそろそろ世代交代が必要だと思っていた。実際に国会の最前線で日本の政治を動かしていたのは竹下であり、実力者として双肩に担っていた金丸信だったのである。

金丸は一九一四（大正三）年、山梨県白根町、今の南アルプス市に生まれた。実家は造り酒屋で、東京農業大学に進学。卒業後の一九三八年、陸軍に召集されて満州に渡るも、体調を崩して除隊となった。竹下より一〇も年上だが、初当選は同じ一九五八年五月の選挙だった。佐藤派から田中派へという保守本流のなかで頭角を現し、七二年一二月の第二次田中内閣で建設大臣として初入閣する。その後も防衛庁長官などを歴任するが、竹下と同様、裏方の調整役として手腕を発揮した。中曽根政権下、一九八三年に党の総務会長、八四年には幹事長に就任し、竹下と並ぶ実力者となった。

蜷川府政によって遅れた地元のインフラ整備を急ぎたかった野中は、建設委員会の委員になりたいと思っていた。「政官業」のトライアングルのなかでも、土建行政を支配する族議員、いわゆる「建設族」は巨額な利権を支配した。この一員となって、地元の土建業界を牛耳ることが権力の源泉となる。「建設族」はまさに田中派の金城湯池だったわけだが、いくら副知事経験者とはいえ、当選二回の陣笠議員に与えられる席はなかった。

野中は、建設族の「ドン」だった金丸に直接頼み込んだ。

「私が建設委員会に入らなかったら、京都の遅れの問題を取り上げる場所がなく、何のために議員になったかわからない。建設委員会に所属させてください」（同前）

するとと金丸はこう答えたという。

「わかった。次に委員が変わるときに、俺がいったん建設委員になってその後お前に差し替えてやるから、差し替えたらずっとそのままいればいい」（同前）

金丸が認めた人事なので、誰も文句を言えなかった。ただ、野中以外の凡庸な陣笠議員が頼み込んだとしたら、こうは行かなかったであろう。

金丸信（左）**と竹下登**（右）

「創政会」に激高する田中角栄

すでに野中は、竹下や金丸のインナーサークルに席を与えられていた。その場となったのが、金丸の事務所や自宅で夜な夜な行われるマージャンの席だった。野中は竹下によく誘われたという。酒も飲まない、煙草も止めた野中だったが、マージャンは好きだった。若い頃の野中は、賭けの負けが嵩んで仲間に助けてもらったこともあるという話を、私は地元の関係者に聞いたことがある。

雀卓を囲みながらの会話が貴重な情報交換であり、竹下や金丸の何気ない一言に、政局を見通すヒントがあった。小沢は、自分が参加できないときは親しい議員を派遣してまで、その様子を窺ったという。

こうした交流を通して、竹下、金丸は信頼できる仲間を見定めた。竹下を担いで、金丸、小沢たちが、「創政会」発足のための準備会合を極秘に開いたのが、一九八四年一二月二五日。築地にあった「桂」という料亭だった。

もちろん、田中に情報が漏れぬよう、細心の注意を払った。漏れれば、田中が鬼の形相で、凄まじい切り崩しを行うことは、火を見るより明らかだった。

集まった議員は一八人。野中によると、当時、幹事長だった金丸が立ちあがり、

「これだけ集まってくれたら、僕は思い残すことがない。ありがとう」

と挨拶したという。

野中は、自らが、この先陣に加われたことを意気に感じた。

「田中さんを裏切るという気持ちはありませんでしたが、新しい〝天下人〟を立てなくてはならないという気持ちが強かった」(『新潮45』二〇一〇年七月号)と振り返っている。

この気持ちは、竹下も、小沢も同じだった。決して田中に引退を迫ろうとする動きではなかった。派閥を乗っ取る気もなかった。ただ、次の総裁候補を育てなければならないという思い一つだった。

この動きは、間もなく田中の知るところとなる。そうとなれば、仁義を切りに行かなければならないと、竹下は田中の自宅に説明に行った。

「勉強会ならやってもいい。しかし、お前と同じ早稲田大学ばかり集めるなよ。それじゃ広がりがないぞ」

田中は懐の深さを見せたという。

だが、田中の周囲は、「謀反」「クーデター」「裏切り」と騒ぎ立てた。メディアも強い見出しで煽り立てた。そして田中自身も、「創政会」が単なる勉強会ではなく、竹下を派閥後継者にするためのものだということを知るのである。いくら「裏切りではない」と説明されても、権力者は、後継者ができれば、権力は後継者に移るという非情な原理を知り抜いている。

はたして田中は激高した。案の定、全力を挙げた切り崩しが始まった。当初、八〇人程度見込まれていた参加者が、どんどん減っていった。早く発足させないと、計画が破綻してしまう。竹下らは準備を急ぎ、一九八五年二月七日、正式に「創政会」を発足させた。参加した議員は四〇人だった。田中派一二〇人の約三分の一の勢力だった。

「あいつも行っちまった」「こいつも行っちまった」

田中は嘆きながら、ウィスキーの「オールドパー」を呷《あお》るように飲み続けたという。しかし、「創政会」の参加メンバーが挨拶に行くと、玄関払いすることなく本人が会った。後に竹下は、当時の田中の心境を、こう推し測っていた。

「仮に飼い犬に手を噛まれたと思っておっても、メンツがあって、飼い犬を殴るわけにはいかんわけよ」（『政治とは何か』）

野中も発足直後に目白の田中邸を訪れている。その時、田中はこう言ったそうだ。

「時は移り変わって、人も次々と変わっていくものだ。それは時代の要請だろう。お前たちは天下国家を見失わず進んでいきなさい」（前出『新潮45』）

田中は自分に言い聞かせるようだったという。世代交代しなければならないことは分かっていたのだろうと野中は思った。

一つの時代の終わり

田中の深酒は、日に日に、ひどくなった。

別の日に野中が訪ねると、田中は朝からウィスキーを呷っていた。野中を応接室に招き入れると、大きな木でできた金庫を手でたたきながら、酔って呂律が回らない口調でこう言ったそうだ。

「おい、要るんなら持っていけよ。おい、持っていけよ。あるんだよ」

そんな姿を見て、野中は無性に寂しくなった。

「田中さんには、私のように人間的魅力で惹き寄せられる人たちもいるが、金に群がってくる連中も多い。そういう輩をこうして捌《さば》いてきたのか。未だにそれが抜けきれないのか。なぜ俺に言うんだと……。『いや、いいですよ。一人歩きはできていますから』と言うのが精一杯でした」（前出「新潮45」）

「創政会」発足から三回目の訪問となったのが、一九八五年二月二七日の午前。野中は、地元園部町の青年会議所のメンバーを連れて田中邸を訪れた。宴会場に入ると酒やつまみが用意されていたが、田中は好きなオールドパーを勢いよく飲んでいた。

「先生、ダメじゃないですか！　朝から飲んでいたらいけません」

と言って、グラスを取り上げようとすると、

「いい、そんなこと、オマエが言うことじゃない！　心配するな！」

手を振り払って飲み続けた。

田中が脳梗塞で倒れたのは、野中と別れてから間もなく、午後五時過ぎのことだった。

一つの時代が終わった。

竹下は一九八七年七月、自らの派閥「経世会」を正式に発足させた。田中派の多くの議員が、竹下派に参加し、名実ともに世代交代が実現したのである。

第四章　反逆者との戦い

1　戦後保守の本質

なぜ「調整」が重要なのか

「経世会」が発足して間もない一九八七(昭和六二)年一一月六日、竹下内閣が発足した。

野中は竹下の政治について、かつて私にこう解説してくれたことがある。

「竹下さんは、まわりくどいけど、和を大切にした。私から見ても歯がゆい時があったが、竹下さんが怒ったところは見たことがない。やはり、根回し、調整をして、組織をうまく動かそうという思想が大事だと思う。日本人の精神の中に、議論するだけではなく、水面下で根回しをして、表の関係を円滑にしようとするところがあるんです」

野中たちが作り上げた戦後保守政治の本質の一つが「調整」だった。できるだけ多くの意見を聞いて、足して二で割り、三で割り、妥協点を見出す作業だ。

なぜ「調整」が重要なのか。野中らの言葉によれば、「エリートは間違う」からだ。一部の権力をもったエリートに国を任せていたら、とんでもない失敗をする。そのことを、多くの日本人が戦争から学んだ。戦争指導者たちは、戦前日本の超エリートだった。超エリートたちの独断が、日本を途轍もない不幸に陥れたのである。

東京裁判の法廷に立った日本の戦争指導者について、タヴナー検察官の最終論告には次のようにある。

「ニュルンベルク裁判に立った（ナチスの）一部の有力者の如きならず者ではなかったのでありまして、これらの人たちは国家の枠であり、国家の運命が確信的に委任されていた正直にして信頼された指導者と考えられていたのです」

国の破滅が、狂った「ならず者」の所業によってもたらされたのなら、その「ならず者」を裁き、彼らにだまされ、屈した自らを反省すればよい。しかし日本の場合は、誰もが羨む優秀なエリート官僚が、悪意もなく、まじめに、国のことを思って破滅への道を邁進したのである。「ならず者」は見分けやすい。しかし、悪気なく国を破滅させてしまうエリートを排除することは非常に難しい。

戦後の混乱がまだ収まらぬ一九五〇年代後半には、国家はエリートによって合理的に設計、運営されなければならないという思想の残滓がまだあった。A級戦犯の被告でありながら、釈放後、一〇年もしないうちに首相の座に上り詰めた岸信介がその象徴だった。かつて革新官僚と呼ばれ、満州建国と、戦争のための統制経済を主導し、東條内閣では商工大臣として開戦の詔書に署名したこの戦争指導者は、戦後のインタビューでこう語っている。

「大衆に追随し、大衆に引きずり回される政治が民主政治だとは思わない。民衆の二、三歩前に立って民衆を率い民衆とともに歩むのが、本当の民主政治のリーダーシップだと思う」（『岸信介証言録』）

戦争の悲惨と失敗を経験した後でも、性懲りもなく一貫した岸の「エリート主義」は、自らの決定は常に正しいという前提に立っている。岸はエリートのリーダーシップを持って、アメリカから与えられた憲法を改正し、自主防衛を果たしてアメリカと対等な「真の独立」を回復することを目論んだ。

「真の独立」の是非はどうあれ、戦争で苦しんだ「大衆」は、この「エリート主義」を嫌った。一九六〇（昭和三五）年の「安保闘争」はその表れだった。岸が断行した日米安保条約改定への反対運動をきっかけに、一〇万人の「大衆」が国会を囲み、岸の自宅周辺ではデモ行進が続いた。

当時、全学連のリーダーの一人としてそのデモ隊を率いた評論家の西部邁《にしべすすむ》は、「六〇年安保闘争は安保反対の闘争などではなかった」と断言している。

「闘争参加者のほとんどが、指導者層の少からぬ部分をふくめて、新条約が国際政治および国際軍事に具体的にもたらすものについて無知であり、さらには無関心ですらあった」（西部邁『六〇年安保』）

ではデモ隊は何に怒っていたのか。新条約の承認のために、安保特別委員会で強行採決がなされ、さらに衆議院本会議では質疑、討論の過程を省いて採決が強行されたことに対する怒りだった。「民衆の二、三歩前に立って」、その鼻面を引き回そうとするリーダーシップ偏重の政治に対する嫌悪だったと言ってもいい。

「安保反対の闘争ではなく、民主主義擁護の闘争が燎原の火のようにひろがったのである。戦犯追放の経歴をもつ岸信介首相に軍国主義の烙印を押すことは不充分にしかできなかったが、反民主主義のそれを焼きつけることには成功した」(同前)

一九六〇年六月、新安保条約は国会で成立し、批准書の交換はなされるが、岸は退陣を余儀なくされる。

「大衆」が許す範囲でのみ

岸のような強いリーダーに任せれば、たしかに物事は早く決まるだろう。まさに「決める政治」の象徴だ。戦前も「決められない」政党政治に対する苛立ちが、岸たち「革新官僚」の台頭と、軍部の暴走を許したのである。

戦後の保守本流は、その反省から始まった。岸が政界復帰を果たす以前、戦後日本の再建を軌道に乗せた吉田茂は、アメリカの核の傘の下で経済優先を原則とした。吉田が実現しようとしたのは、「平和で豊かに暮らしたい」という「大衆」の願望だった。その吉田は、岸をこう批判している。

「（筆者注・戦前、）自分等の勢力の伸張を図らんがために、（同・岸たちが）反英米を特に強調したということは、見逃し得ない事実である。そして彼等はこの反英米の主張を、現状打破とか新秩序の建設とかいった革新的な標語で表現したのである。しかも彼等の犯した最大の過誤は、反英米の極点として、独伊と提携するに至ったことである。これによって、第二次世界大戦に突入し、わが国民をして敗戦の苦境に陥らしめたことは、われわれ国民の身をもって知る通りである」（『回想十年』上巻）

だからこそエリートの暴走を抑え、エリートの過ちによって政治が失敗しないために、戦後の政治家たちは「調整」を重視したのだ。エリートの独断を許さず、異なる意見を吸収し、できるだけ多くの人が納得する結果を生み出すという作業を徹底しようとした。これこそが、多すぎる血を流して人々が学んだ民主主義の原則であり具体的な作法だった。

吉田に見出された池田が、「寛容と忍耐」を、あえて政治のモットーに掲げたのもそのためだ。「大衆」の二、三歩前を歩くのではなく、「大衆」とともに歩みを進めてみると、「私の話も聞いてくれ」という声が聞こえてくる。「平和で豊かな暮らしがしたい」という願望の現実的なありようも見えてくる。エリートが設計する政治ではなく、「大衆化された政治」。逆に言えば、政治的エリートの「設計」は、「大衆」が許す範囲でのみ許される。岸たち「エリート」が、血眼になって主張した憲法改正や軍事力の再建は、「大衆」がそれを願望しなかったために、戦後保守政治においては後回しにされてきた。

中曽根康弘の「戦後体制からの脱却」

戦後日本の政治は、「大衆化」に軸足を置いた「本流」と、吉田が作り上げた戦後体制からの脱却を目指す「傍流」とのせめぎあいだった。岸の次に、戦後体制からの脱却を目指したのが中曽根康弘である。吉田政権末期の一九五三年一二月、中曽根は岸と会談し、吉田の政治を「経済万能、権謀術数に堕している」と批判した上で、こう述べた。

「憲法や防衛のような、国民が敬遠する困難な問題も取り上げて、国家の精神的秩序を再建し、経済を復興させるとともに、国際社会に復帰する体制を整えなければなりません」(『政治と人生』)

岸と同じように「戦後体制からの脱却」を目指した中曽根は、政権を握ると「戦後政治の総決算」をスローガンに掲げた。憲法改正を志向し、首相公選制を主張した。しかし、庇護者である田中派がそれを許さなかった。中曽根は、内務官僚から海軍士官となり、田中と同期当選している。自ら率いた派閥が弱小ゆえか政界遊泳術も巧みで、ついたあだ名は「政界風見鶏」だ。

中曽根は一九八二年に、田中の庇護を受けて総理に就任した。官房長官に「田中の懐刀」後藤田を迎え、党幹事長には田中側近の二階堂進を起用した。その他、田中派から七人の閣僚を入れ、「田中曽根内閣」、「角影内閣」などと揶揄された。中曽根の個人的志向は別にして、戦後保守の主流である田中派が憲法改正を許すはずがなかったのである。

中曽根は、アメリカのレーガン大統領と蜜月関係を築いた。今でもそうだが、強国アメリカとの固い友好関係が、日本の国際的なプレゼンスを高めていたことも事実だった。一九八〇年に始まったイラン・イラク戦争にアメリカが介入し、ペルシャ湾でクウェートのタンカーを護衛する作戦を展開した。湾内は機雷で溢れ、その被害を避けるためだった。アメリカは各国に支援を要請し、イギリスやフランスが軍隊を派遣した。

中曽根も目に見える貢献をするため、海上自衛隊をペルシャ湾に派遣しようと動き出した。中曽根は官房長官だった後藤田にこう相談した。

「なんとか日本も協力したい。海上保安庁の巡視船あるいは海上自衛隊の掃海艇をペルシャ湾に派遣したいと思う」

「田中の懐刀」である後藤田は、正面切って反対した。

「ペルシャ湾はすでに交戦海域になっているじゃありませんか。そこに日本が武装した艦船を派遣して、発砲しなければならない事態になったときに、いくら正当防衛だといっても相手からすればそれは戦闘行為となります。ペルシャ湾まで行って、自衛権を拡大することはできません」

それでも諦めない中曽根に、さらに後藤田は詰めた。

「あなた、これは戦争になりますよ。国民にその覚悟ができていますか。できていない。憲法上ももちろんダメです。国際的な要請と言っても、実態はアメリカの要請じゃないですか。私は、とにかく賛成できない。閣議決定の時に、私は閣僚としてサインしませんよ」

多くの国民にはまだ、「戦争は二度と御免だ」という強い意思があった。終わることなく世界で展開されるアメリカの戦争に巻き込まれたくないという気持ちも強かった。そんな人々の思いを、後藤田は中曽根にぶつけた。後藤田の後ろには田中もいた。これ以上こじれれば、内閣が崩壊するかもしれない。中曽根は派遣を断念せざるを得なかった。

調整重視の「和の政治」

もっとも中曽根自身も、岸のように戦前復古に執着することはなかった。後藤田と同じように、戦争を経験した者としての自制があった。

「国民大衆は戦前・戦中と自由をはなはだしく拘束され、苦難の日々を強制された。新憲法下になって、ようやく自由を獲得し、男女も平等になった。人々はこの幸せを奪われまいと必死になっている。市民社会にそのような壁と岩盤ができたのである」（『政治と人生』）

中曽根は、その「壁と岩盤」を突き崩すことはなかった。繰り返すが、戦後保守は、強すぎるリーダーシップを警戒した。後藤田は「官邸主導」への警鐘を鳴らし続けた。

「政治主導という名前の下に総理大臣の権限を強化するということは、できる限り避けたほうがいいと思いますね。それが安全弁です」（『世界』二〇〇五年八月号）

「中曽根さんの時も、要するに総理主導ではないんですよ。総理中心の内閣主導だった。憲法の中では、ここが限界なんです。『総理主導の政治をやるんだ』というのは、総理専制に通じるおそれもある」（『世界』二〇〇二年四月号）

調整重視の「和の政治」では、たしかにリーダーの理念や理想は妥協を余儀なくされる場合もある。根回しもあれば、かけひき、取引もある。カネが動くことだってあっただろう。それでも、一部のエリートが独善的に暴走すること、狂信的に理念に執着することの方がはるかに危険なのだ――これは重要な戦争の教訓だった。この教訓は、野中に至る保守本流の遺伝子に組み込まれて継承されてきた。

2　戦後保守の分岐点

リクルート事件への国民の怒り

戦後保守政治に、目に見える陰りが見え始めたのが一九九〇年前後だ。「政治とカネ」という大きな負の遺産を抱え、保守政治に深刻なきしみやひび割れが生じていた。田中のロッキード事件以降、「政治とカネ」の問題に対する社会の視線は、非常に厳しいものとなっていた。

人々の欲望を解放して正当化した戦後保守の政治が、金権政治に行きつくのは必然とも言えた。人間のむき出しの欲望を追求すれば、かならずカネにたどり着く。田中以前も自民党政治は金権政治だった。大衆の大海原からのし上がった田中は、そのことを肌身で理解していた。だからこそ、必死にカネを集め、利権を握り、多くの人々に分け与えた。

ところが、人々の欲望とともに解放されてしまったものがある。それは嫉妬の感情だ。制度であっても、暗黙の因習でも、身分制が支配する社会では嫉妬が大きく育つことはない。ところが戦後の民主主義は、いかなる身分制もなくして、人々に平等意識を植え付けた。「なんであの人の方が、私より金持ちなのか。偉いのか」という嫉妬感情の根底には、「あの人と私は同等のはずだ」という平等意識があるだろう。

高度成長で人々の生活も安定してきた。メディアも発達した。メディアは、かつては雲上人だった政治家、官僚、企業家のヴェールを剝ぎ取った。彼らも、飯を食い、酒を飲み、スキャンダルも抱える人間だった。大衆の中には、「どんな偉い政治家も、私たちと同じじゃないか」という感覚が芽生えてくる。

庶民のレベルを超越して金権と利権を掌握した成功者に対しては、「庶民出身のくせになんでアイツだけ」と嫉妬する。その嫉妬はいつしか批判と攻撃のエネルギーに転じる。田中を「今太閤」と持ち上げておきながら、ロッキード事件が浮上すると、大衆社会は寄ってたかって田中を貶めることに興奮した。田中に代表されるように、政治とカネの問題で血祭りにあげられた保守政治は、自らが解放した庶民感情のスケープゴートにさせられてしまったのである。

絶大な権勢を誇った田中の時代が終わると、この庶民感情はますます強力なものとなって政治に大きな影を落とすこととなった。

竹下政権下で発覚したリクルート事件において、そのエネルギーは爆発した。

一九八八年六月一八日、朝日新聞の社会面に「『リクルート』川崎市誘致時、助役が関連株取得」「公開で売却益1億円　資金も子会社の融資」という見出しが躍った。

「リクルート」は江《え》副《ぞえ》浩正《ひろまさ》が創業した新鋭企業だ。川崎市が進めた駅前開発に絡み、企業誘致担当の助役が、便宜を図った見返りに、リクルートの関連会社「リクルートコスモス（現コスモスイニシア）」の未公開株の譲渡を受け、一億二〇〇〇万円の売却益を得たという汚職事件だ。ところがこの未公開株は、この助役に止まらず、政界、官界に広くばらまかれていたことが露見する。財界で存在感を高めたいという江副の野心と、政治の資金需要とが結びついて、巨大な疑獄事件に発展した。

竹下内閣で副総理兼蔵相を務めていた宮澤喜一にも未公開株が渡っていた。宮澤は「秘書が自分の名前を利用した」と弁明したが許されるわけがなく、この年の一二月九日に蔵相辞任に追い込まれる。

翌一九八九年四月には、とうとう竹下自身への株譲渡も発覚し、辞任せざるを得なくなった。

「ロッキード事件以降も、構造的腐敗は何も変わっていないじゃないか」。そんな不満と不信を抱いた国民は、政治の構造的な改革を求めた。

戦後保守に挑む小沢一郎

この頃から、竹下派内で台頭したのが小沢一郎だ。小沢は一九六九年、父・佐重喜《さえき》の後継として二七歳の若さで初当選。田中は早逝した長男と同じ年の小沢をことのほか可愛がった。しかし小沢は、竹下をニューリーダーに担ぎ、経世会発足に奔走。竹下派七奉行の一人として頭角を現した。竹下派のドン・金丸も特に小沢を重用し、その庇護のもと、小沢は一九八五年一二月には中曽根内閣で自治大臣として初入閣を果たした。竹下内閣で官房副長官、宇野内閣時は竹下派事務総長、海部内閣では四七歳で自民党幹事長に就任、その後、金丸の下で派閥の代表代行として辣腕をふるった。

小沢は、アメリカから閉鎖的と批判された経済市場の開放に手をつけた。副長官時代から建設市場開放協議などを手がけ、日米構造協議でも実質的な交渉役を担った。日本市場の開放を迫ってきたアメリカに対し、「いいたいことは言う。約束は守る」という姿勢で臨んだ。アメリカ側からも「タフネゴシエーター」として一目置かれるようになった。

小沢はまた、戦後保守が回避してきた自衛隊の海外派遣にも挑んだ。一九九〇年八月に起きた湾岸戦争の際には、ペルシャ湾に自衛隊の掃海艇派遣を検討した。海部内閣は国際協力の在り方を検討するため、「国際社会における日本の役割に関する特別調査委員会」を設置し、小沢は自ら会長に就任した。この委員会は「小沢調査会」と呼ばれ、一九九二年二月に答申をまとめた。

「一国平和主義」から脱却し、「積極的・能動的平和主義」に転じなければならないと小沢は訴えた。「積極的平和主義」とは、安倍晋三の専売特許ではなく、四半世紀前にすでに小沢が唱えていたのである。国連軍への自衛隊の参加は現憲法下でも可能であり、国連による平和維持活動には参加できると主張した。こうした小沢の動きも後押しして、一九九二年四月にはＰＫＯ協力法が成立し、自衛隊の海外派遣が法制化されることになる。

小選挙区制導入という政治改革

リクルート事件をきっかけに、小沢がもっとも力を注いだのが、政治改革だった。政治とカネの問題の元凶は中選挙区制にあると主張した。

中選挙区制だと、同じ選挙区に自民党から複数候補を擁立するため、政策論争よりも地元にどれだけカネと利権を誘導できるかが問われることになる。必然的に「派閥政治」を助長する。中選挙区の同士討ちは、派閥間の抗争となった。領袖には落選中の者も含めて、養い育てるカネが必要となった。一方、養われる議員

小沢一郎

にとっては、総理大臣よりも領袖への忠誠が求められた。ここに二重権力構造ができあがる。政府が物事を決めようとしても、派閥の領袖たちが反対すれば何も決められない。

これらの改革のために、小沢は小選挙区制を導入しようとした。小選挙区制度になれば選挙は与党か野党かの選択となる。政権交代もしやすくなる。選挙区には一つの政党から一人の候補となるから党執行部のリーダーシップが強くなる。必然的に総理大臣のリーダーシップも発揮できる――という理屈である。

後に小沢側近となる前出の平野貞夫は、一九九二年七月の参議院選挙に自民党から出馬の要請がきた。中選挙区制の改革を含め、自民党の改革が必要だと平野は思っていたのでためらっていると、小沢がこう言ったという。

「だまされたと思って出馬して欲しい。一緒に自民党を変えよう。それでも変わらなかったら、その時は潰してしまおう」

そんな小沢に対し、竹下は距離を取り始めていた。竹下が派閥の後継者として考えていたのは小渕恵三だった。小渕は一九六三年初当選。竹下派七奉行では先輩格であり、大平内閣で総理府総務長官兼沖縄開発庁長官として初入閣した。小渕には目立った実績もなく、橋本が厚生大臣や運輸大臣などを歴任し、政策通として早くから華々しいスポットライトを浴びていたのとは対照的だった。党務や派閥では小沢らが台頭し、小渕は存在感を発揮できずにいた。

だからこそ、ということもあるが、小渕には敵が少なかった。内に秘めた権力欲をギラつかせることもなく、スタンドプレーもせず、自己主張もしない。「人柄の小渕」と呼ばれ、周りから警戒されることはなかった。「怒らない」という点で、竹下は自らに共通するものを感じていたのだろう。それは「調整」文化の中で重要な資質である。竹下は小渕を「我慢強い」と評価した。

「タフ・ネゴシエーターといえば、実は強烈なネゴシエーターじゃないんだ。ほんとうは相手の立場まで下がる、あるいは相手の立場を引き上げていく能力があるということなんだ」(『政治とは何か』)

竹下が求めたリーダーシップは、小沢のそれとは対極にあるものだった。

野中は、この亀裂を敏感に感じ取っていた。

「竹下さんが小渕さんを内閣官房長官にして、小沢さんを副長官にしたときに、小沢さんは心中穏やかじゃなかったと思う。『竹下はやっぱり小渕を後継者にしようとしている。自分がいくら一生懸命やっても理解してくれない』という気持ちが湧いてきたのではないかと思う。私は、この時から小沢さんは変わったなあという感じをもったんです。功を焦っているというか、存在感を示そうと躍起になっているというか」

野中は、小沢の行動の根本に権力欲を見た。野中は本能的に、強すぎる権力欲を嫌悪する。それは、強すぎた蜷川府政との闘いの苦労が身に染みついているからこその条件反射なのだろう。

この小沢の〝本能〟に、最初に火が付いた時が、海部政権の崩壊直後だった。一九九一年一〇月五日、海部が総裁への再選不出馬を表明し、後継総裁に、宮澤喜一、渡辺美智雄、三塚博の三人が手を挙げた。竹下派が誰を支持するかが焦点となり、それを協議するにあたり、派閥の代表代行だった小沢が、三候補からまず政見を聞くというプロセスをとった。

ところが竹下派の派閥事務所に三候補が足を運んだため、絵柄としては、権勢を誇る小沢が、先輩でもある三候補を事務所に呼びつけて面接をした形となった。実際は、小沢がそれぞれに出向いて話を聞くはずだったが、三候補の方から「選ばれる方なので説明に行く」と言ったのが真相だったようだ。しかし映像は怖い。そうした背景や経緯を削ぎ落して、「傲慢にも小沢が呼びよせて面談」というイメージだけが一人歩きした。

野中も、ニュースで流れたこの映像を事務所で見た。

「なんで、こんなことをするんだ」

そう言うと、秘書を連れて、すぐに国会近くにある金丸の事務所に向かった。

「オヤジさん、なんで、あんなことを小沢さんにさせるんですか。あんなことやったらダメですよ」

その声は、部屋の外まで聞こえたという。

「ああいう思い上がったことをやるのを見ていてだんだん小沢さんに対する不信感が強くなった」（『90年代の証言』）

小沢が企てたクーデター

野中がその不信感を怒りに変えた事件が間もなく起きる。東京佐川急便事件だ。一九九二年八月二二日、竹下派会長の金丸が、この会社から五億円の闇献金を受け取っていたという疑惑が浮上した。金権批判はピークに達し、金丸は集中砲火の的となった。朝から晩まで都内の自宅はマスコミに取り囲まれていた。

金丸が身動きのとれない状況となっていた最中の八月二七日、当時、党総務局長だった野中は、当番で党本部に詰めていた。国会も閉会し、これといった日程もなく、昼食を終えてのんびりしていると、突然、「副総裁」の在室ランプに明かりがついた。「副総裁」とは金丸のことだ。

「何事かと思って幹事長室に行ってみると、金丸さんの秘書が、五億円の献金授受を認めて副総裁を辞任するという記者会見を午後三時から行うというんです。私は止めましたよ。幹事長、政調会長、総務会長の党三役がいないときに、派閥会長ポストを辞めるというならいざ知らず、副総裁という党の重要ポストを勝手に辞任するのはおかしいんです。

会見を中止するように言いましたが、小沢側近の佐藤守良さんが会見をはじめてしまった。その前に、これまた小沢側近の中西啓介さんが、宮澤総理のところに副総裁辞任届を持って行ったんです。宮澤さんが受け取れないというと、中西さんは『子供の使いじゃない』と言い捨て、強引に手渡したそうです。

小沢さんの動きを警戒していた総務会長の佐藤孝行さんと国対委員長の梶山静六さんは海外に行っていた。つまりこれは、反小沢勢力が東京にいないときに決行されたクーデターなんです」

なぜ金丸の副総裁辞任がクーデターなのか。

「私は、小沢さんの側近たちが、金丸さんに直接『派閥の会長を小沢さんに譲ってほしい』と言いに来たことを知っている。この会見で、金丸さんを第一線から退かせて、直後に派閥会長の座を小沢さんに渡すことを狙ったんです」

一方、小沢の説明はこうだ。

「当時の政治資金規正法では捜査の対象は政治団体の会計責任者であって、政治家本人ではない」

つまり、本人が授受を認めても、逮捕にまでは至らない。そこで、金丸の副総裁辞任によって事態の収拾を図れると読んだ――というわけだ。

だが結果として、この見通しは甘かった。当初、否定していた五億円の授受を本人が認めたことで、東京地検特捜部は略式起訴して二〇万円の罰金刑にした。ところが、「わずか二〇万円の罰金で済むのか」と世論は沸騰し、結局、金丸は議員辞職を余儀なくされた。一〇月一四日のことである。

強烈で徹底的な反逆

一〇月一六日には、竹下派総会が開かれた。小沢糾弾の先陣を切ったのは野中だった。

「私は金丸会長の一番そばにいた。事件が問題化してから今日までそばにいて、執行部のやり方が適切でなかったことはよく承知している。それを全部話すことになれば、お互いに傷がつく。できるだけ速やかに人心を一新してほしい。小沢さん、今あなたのことを、ここで色々言うのは忍びない。私がものを申さぬ前に、責任を取られてはどうか」

さらに攻撃の矛先は、八月二七日の金丸会見を仕切っていた佐藤守良にも向けられた。

「副総裁を辞める時についていったのはなんだ！　そこからが、そもそもの間違いだ。また、あなたは金丸会長に『記者会見で、後継者に小沢を指名するといってほしい』と言いに来た。二回も言いに来た。何たる不見識だ」

小沢側近から、

「そういう個人の話をするのはやめろ!」

と声が飛んだ。

「何をーッ!」

野中は気色ばんで睨み返した。

「もう終わりだ!」という声も上がり、混乱と怒号の中で総会は終了した。

竹下の意向もあり、派閥会長は小渕に引き継がれた。小沢は側近たちを引き連れ、独自の政策集団「改革フォーラム21」を結成する。ここに竹下派は事実上、分裂した。

小沢たちは、政治改革の断行を錦の御旗に、自民党を離党した。田中、金丸という保守本流のドンに庇護された小沢が、彼らを「反面教師」と言って否定したのだ。調整重視と二重権力という政治体制下では「決める政治」は実現しないと苛立った小沢は、破壊衝動のようなものに駆られていた。湾岸戦争の際には、即時に自衛隊を派遣することができず、総額一三〇億ドルの資金援助をしながら、国際的に評価されなかったことが屈辱だったという。

反対派の意見も反映させようとする戦後保守政治は、事実上の全会一致であり、少数派のごね得、何も決められない「なあなあ社会」の「ぬるま湯政治」だと、小沢は批判した。

「たとえ間違っていても、多数で決めたことはしょうがないんです。(中略)民主主義は多数が正義なんです。それ以外に方法がない」(『90年代の証言』)

一票でも多く取ったら勝ちは勝ち。敗者は勝者に従うべきだと、小沢は超合理的な「多数決至上主義」を訴えた。そしてアメリカの大統領のようなリーダー像を追い求めた。政治改革による小選挙区制の導入は、日本人全体に対して小沢が「意識改革」を求めたものだった。

保守本流への反逆の芽は、中曽根政治にまず見出されたが、まだ強大だった田中派によって、その芽は摘まれていた。次に、保守本流の腹の中から肉と皮を裂いて出てきた反逆者・小沢は、はるかに強烈で徹底的だった。

小沢は竹下派の跡目争いを政治改革をめぐる対立として押さえ直す戦略を取った。

小渕後継が決まり、竹下ら「反小沢勢力」との分裂が決定的となった一九九二年一一月三日、朝日新聞に掲載されたインタビューで、「派内の抗争はなぜ起きた」と問われ、小沢は次のように述べている。

「簡単な言葉で言えば、改革派か守旧派かの対立。日本が変わる必要があるという考え方と、いや、このままでいい、という時代認識、現状認識の違いによる対立がある。もちろん、人間関係から生じている面も現象としてあるが、底流は現状認識の違いだ」

小沢は、竹下派のお家騒動を「改革派vs.守旧派」という政治的立場の二極対立に置き換えた。そして小選挙区制に反対した竹下、小渕、そして野中ら、古巣の小渕派の面々を「守旧派」として攻撃した。「決められない政治」に苛立ち、「政治とカネ」の不祥事に怒り心頭だった多くの人々が、「改革派」を支持することを見透かした上での戦略である。

小沢の思惑通り、まずメディアが小沢のわかりやすい「二極対立」に飛びついた。調整文化の出世頭だった小沢が、自らを育んだ環境を破壊しようとする「意外性」、さらに、古い政治を改革しようという「国民との一体感」の演出が、人々を引きつけた。「敵をつくらない」調整文化とは逆に、「敵をつくる」小沢の政治に、多くの人々が興奮した。

一九九三年六月一八日、小選挙区制の導入などを柱とした政治改革関連法案を成立させることができなかった宮澤内閣に対する不信任決議案が可決された。小沢らはそれに賛成し、自民党を離党して新たに新生党を結成した。そして、新党ブームの火付け役だった日本新党の党首・細川護熙を担ぎ出す。社会党や公明党、民社党など八党会派をまとめ上げ、「非自民」勢力による細川連立政権を一九九三年八月九日に発足させたのである。

戦後保守を支えた有識者の多くも小沢を支持した。文芸評論家であり保守思想家でもあった江藤淳はその代表だが、次の小沢評価は多くの有識者が共有するものだったと言えるだろう。

「派を割ってでも、あるいは自民党そのものを分裂させてでも、冷戦後の国際情勢等に対応しなくてはいけないと、小沢グループは考えているように見受けられる。そこには非常にはっきりした政策目標がある」(『大空白の時代』)

江藤は、規制改革、自衛隊を海外派遣する新たな国際貢献、そして小選挙区制の導入を柱とした小沢の改革について、冷戦崩壊後の「新たな世界的変動」に対応するためのグローバルな潮流の一環だと評価した。

小沢が主導した細川政権の、発足当初の支持率はマスコミ各社軒並み七割前後で、政治改革に賛成の人々も八割程度に上った。

しかし、野中は生き生きとしていた。京都府議時代から野党生活には慣れている。その経験が、小沢との闘いに活かされることとなった。

3　対決

政治理念で国民は幸せになれるか

野中が小沢と闘った理由は主に三つある。

まず一つは、小沢がアメリカの要請を受けて市場を開放し、自衛隊を海外に派遣しようとしたことへの反発だ。これが蟻の一穴となって、アメリカの圧力のままに、経済や戦争へ追随する事態を警戒した。野中は私のインタビューに対してこう語っている。

「私は小沢さんが、政府を無視して、駐日大使のアマコストと頻繁に会っていることを知っていた。納得できなかった。小沢さんはアメリカの大戦略に巻き込まれていたんです。アメリカと取引する小沢さんの姿を見ながら、私らはアメリカの属国ではないよと思った。アメリカが日本を支配して、日本がその手先みたいに動くことが日米協調と映っていることに怖さを感じたし、反感を抱いた」

特に自衛隊の海外派遣には絶対に反対だった。

「わが国は日本国憲法の掲げる『戦争放棄』『恒久平和』の理念を一つのよりどころにし

て、自衛隊を海外に出したりすることを『卑怯者』といわれても避けてきました。（中略）一つ足を踏み出したら取り返しのつかないことになることは20世紀の戦争の一つ一つが物語っています。（中略）日本はあくまでも憲法の掲げる理念に則って国際平和に貢献すべき」（「しんぶん赤旗」二〇〇九年六月二七日）

二つめは、小沢の政治改革への反対だった。調整を重視した野中にとって、「一票勝っても勝ちは勝ち」という小選挙区制の考え方は許せなかった。「死票」をできるだけ減らすこと、多数派から零《こぼ》れ落ちる人々の意見をできるだけ吸収することこそが戦後保守の役割だと野中は考えていた。

また、新たに制定された政党助成法によって税金が党の執行部を通して政治資金として各候補に与えられた。これでは執行部が各候補の首根っこを押さえることになる。当然ながら執行部は強力となるが、自由な議論すら許されなくなる。

そして三つめ。これは政治改革の本質から派生することだが、野中は強すぎるリーダーシップを嫌った。リーダーは間違うことがある。凝り固まった理念、イデオロギーは国民を不幸にする。これが戦争の教訓であることはすでに述べた。

「小沢さんには国はこうあるべきだという高邁な理想があるんでしょうが、その理念先行に対する警戒心が私にはありました。政治家が立派な理念を掲げても、それで国民が本当に幸せになるかどうかが問題なんです」

権力は抑制的に行使されなければならない。小選挙区制によって生まれる強力なリーダーシップが、政党を、そして国全体を「一色に染める」可能性が出てきたことを、野中は厳しく警戒した。

野中がやる気に燃えていたのとは対照的に、自民党は全体として意気消沈していた。一九九四年度予算案の編成と国会審議を前にして、役人、業界の流れは、一気に小沢に向き始めた。自民党本部には閑古鳥が鳴き、野党転落の憂き目を初めて味わわされていた。

野中は違った。

「あれほど楽しい時代はなかったぐらい張り切ってやりましたよ。自民党についた垢、政権についた垢、国会についた垢を、この機会に一気に落としてしまおうと思いました」(『90年代の証言』)

野中は国会の晴れ舞台である予算委員会の理事となり、最前線で細川政権と対峙することとなった。京都の蜷川府政下で野党として培った、権力攻撃のノウハウが生きた。

セオリーの一つは、敵の大将を支える足腰に狙いを定めること。府議時代、野中は蜷川を支える足腰、つまり共産党のネットワークを徹底的に攻撃した。それが組合「闇専従」への苛烈な追及だった。では小沢の足腰とは何か。それが——公明党だった。

公明党への仮借ない攻撃

「自民党は、こんな人物を証人喚問するというのか。恥ずかしいと思わないか！」

一九九三年一〇月、国会三階で行われた予算委員会の理事会室では、怒号が飛んでいた。声の主は、公明党の草川昭三だ。連立与党の予算委員会理事として、野中と対峙していた。

「事情をよく知る当事者を喚問して何が悪い！」

野中も負けてはいない。机の上にある灰皿が飛ぶかと思うほどの激論だったという。

きっかけは、一〇月六日の予算委員会だ。質問に立った野中は、公明党から郵政大臣として入閣していた神崎武法に、こう切り出した。

「あなたの所管である電話、電波の盗聴についてお伺いをしたいのであります。かつて創価学会は、共産党宮本議長宅の電話を盗聴をした事件がございました。（中略）この盗聴事件について、改めてあなたの所感をお伺いいたしたいと存じます」

神崎の答弁はこうだった。

「通信を所管する当大臣といたしましては、通信の秘密のこの意義を十分認識しておりまして、その確保に万全の注意を払って取り組んでまいりたい」

野中は続ける。

「あなたはその相談に関与したという報道がありましたが、これは事実でありますか」

神崎は事件当時、検事だった。しかし、「私が関与している事実は全くありません」と関与を否定した。一九七〇年に起きたこの盗聴事件は、創価学会の顧問弁護士だった男が主導したものだった。後に、この男は創価学会への恐喝で逮捕され実刑を受ける。

野中は「当時、検察では、神崎氏の関与について、この事実を把握しておったという話があります」と指摘し、「報道のとおり、現職の所管大臣として、たとえ時効でも、そのような盗聴事件に関与があったとすれば、大臣の適格性において非常に問題であります」とさらに追及した。その上で、顧問弁護士だった男の証人喚問を求めたのである。

野中の公明党攻撃は執拗だった。次に、公明党委員長で総務庁長官だった石田幸四郎を標的とした。公明党の選挙は創価学会をフル動員して活用しているという趣旨の投書が来ているとして、こう質問した。

「私たちも神社、寺、公民館などで選挙の会合を持ちます。しかし、それぞれ応分の会場使用料を払っておるのであります。公明党は創価学会に会場使用料を払っておられますか」

石田はこう答弁する。

「政治家としましていろいろな団体が主催をするそういった会合に出てごあいさつをする場合に、それはいわゆる幕間《まくあい》のごあいさつである（中略）それは私ども公明党議員もやっておりますし、また自民党の皆さん方もやっておられることだと思います」

野中の質問は続く。かつて共産党の闇専従を追及した時のように。

「（投書に）選挙のたびごとに、この会館に青年部の人が裏選対事務所を構え、二十四時間体制で選挙を取り仕切っておると書いてあります。（中略）本来は宗教目的のための建物に、専従の選挙スタッフがおり、建物が選挙専用となって使われておるわけでございます。公明党はその対価を支払っておられるわけでありますか」

石田の続いての答弁。

「創価学会の方にはそういった会館を選挙等に使わないように厳に注意をしておるというお話は聞いたことがございます」

石田は最後に、対価は払っていないが、創価学会の選挙活動は法律で禁じられているわけではない、と反論した。

野中は他の政党が同じ活動をしたら大変な「対価」を支払うのに、「政治資金規正法の適用を受けずに」、宗教法人の非課税の資金で活動しているとして、こう締めくくった。

「口で政教分離を言いながら、本日の答弁を通じては、全く政教一体であることを物語ったと思うわけでございます」

この日の予算委員会が終了した直後から、今後の日程などを話し合う理事会で、先述した野中と草川のバトルが始まったのである。

共産党宮本議長盗聴事件は、公明党にとって、いまさら蒸し返してほしくない問題だ。草川は、この盗聴事件や、後の恐喝事件などの裁判資料などをすべて揃えて、理事会に持ち込んだ。そして野中に対し、顧問弁護士だった男は証人喚問するに値しない人物であると強く説得し続けた。

「政争の具」の空騒ぎ

草川は、旧名古屋造船の労組委員長から、石川島播磨重工業の労組幹部を歴任した。一九六七年に社会党公認で衆議院選挙に出馬するも落選。その後、創価学会員以外に支持層を広げたいという公明党から誘いを受け、一九七六年の選挙に公明党推薦の無所属候補として出馬し初当選を果たす。

労組時代には、港で働く猛者や荒くれ者も束ねるリーダーシップを発揮した。その胆力は国会議員になってからも健在で、野中に負けない押し出しの強さがあった。しかし、連日の野中による執拗な攻撃に、精神的にも追い詰められていたようだ。

「国会に行くのが嫌だ。赤坂宿舎から歩いてくるとき、総理官邸横の坂道を上がってくるんだけど、足が重くて仕方がない」

周辺にこう漏らしていたという。

野中は、小沢側近で防衛庁長官だった中西啓介が、地元企業から自宅や高級外車を無償で提供されていた問題なども追及した。

政権への決定的な打撃となったのは、やはり細川自身への追及だった。細川が義父名義でNTT株を購入したが、その経緯や入手資金が不透明だと問題視した。さらに佐川急便グループから一億円を借り入れていたことを指摘し、政治資金として受け取って返済していないのではないかと国会で激しく追及した。

「細川総理の佐川急便からの一億円の借り入れとその返済についてのたび重なる不誠実な答弁で審議が停滞しましたが、この責任は挙げて政府にあります。この際、政府に反省を促すものであります」(一九九三年一二月八日衆議院本会議)

野中は本会議でもこう指摘し、自民党は関係者の証人喚問や、返済を証明する資料の提出を求めて、国会は紛糾、審議はストップした。

細川は、NTT株については義父自身の取引であり、自分は関係ないと説明した。また、佐川急便からの一億円は地元の自宅修復と都内マンション購入のために、湯河原の別荘を担保に借り受けたが、利息をつけて完済し、根抵当権も抹消されていると説明した。それでも攻撃を止めない自民党に対して細川は、

「疑われる余地なし。その意味でも国会で論ずべき問題にあらず。かかるネガティブ・キャンペーンを許すことは、我が国の健全な議会政治の発展にとりて、誠に由々しきことなり」（『内訟録』）

「政争の具に利用せんとするやり方には、怒りを通り越してうんざりす」（同前）

と嘆いている。

野中は後に、「細川さんには悪いことしたと思いました。（細川さんは悪いことを）全然していない。気の毒だった」（『90年代の証言』）と率直に明かしている。細川が嘆いたように、この問題は「政争の具」の空騒ぎだったわけである。

細川が居直れば、また違う展開もあったであろう。ところが、意外にも、そしてあっさりと、細川政権は終局を迎えた。一九九四年四月八日に、細川は総理辞任を表明した。肥後細川家の第一八代当主という「殿様気質」もあったであろう。淡々として、粘りがない。ただし、首相が自ら降りた最大の原因は、「内部崩壊」だった。

社会党との連立という「禁じ手」

小選挙区制導入を柱とした政治改革関連法は一九九四年一月に成立したものの、社会党の一部が造反して協議が難航を極めるなど、与党内の結束はすでにガタガタだった。さらに二月三日未明、細川は突然、国民福祉税構想を表明したが、与党内の根回し不足で反発が高まり、翌日に撤回。この構想を主導した小沢と、反発した社会党、さきがけなどとの亀裂は決定的となった。

細川辞任を受けて、小沢は自民党の渡辺美智雄の擁立を画策した。何かと対立する社会党を遠ざけ、自民党の一部を取り込もうとしたのだ。しかし、渡辺が決断できず、この戦略は失敗する。結局、盟友であり新生党党首だった羽田孜を首班として擁立し、社会党もこれには賛同した。羽田は四月二五日に内閣総理大臣に指名された。

ところがその直後、小沢らは与党各党の結束強化を名目に、新会派「改新」の結成を発表した。これまた、社会党への根回しが不十分だったため、不満と不信感は最高潮に達し、社会党は二六日に連立を離脱。羽田政権は少数与党として発足した。

社会党に対して政権復帰を働きかけるも、話し合いはまとまらなかった。六月二三日には自民党が内閣不信任案を提出。可決の可能性が高いと見るや、二五日に総辞職。羽田の総理在任期間は、わずか六四日間だった。戦後で二番目の短命政権である。

小沢側近の平野によると、小沢が公明党を取り込んで「非自民」政権を発足させたとき、後藤田が「それは禁じ手だ」と言ったそうだ。

「やはり宗教団体を強力な支援団体に持つ政党とは、協力してもいいが、政権として一線を画しておくべきという矜持だったんでしょう」

平野は振り返る。

しかし今度は、自民党が政権復帰のために、社会党との連立という「禁じ手」を使ったのである。国民福祉税構想をめぐって小沢と社会党の亀裂が深まって以降、野中は予算委員長だった社会党の山口鶴男と接触して連立工作を始める。野中だけでなく、多くの自民党議員が社会党と接触して、「社会党委員長の村山富市を総理にしよう」と、甘い言葉をささやいた。一度、政権の蜜を知ったこと、そして何よりも小沢を嫌った社会党は、いともたやすく自民党の誘いに乗った。

かつて、「非自民」の結集を自民党は野合と言って批判した。それでも、政治改革を求める「非自民」を、国民の多くが支持した。その点で「非自民」政権には「自民党打倒」の大義名分はあった。一方で、自社さ連立の共通基盤は「反小沢」だった。長く政権の座にあって、野党を「何でも反対」と批判してきた自民党が、変幻自在に野党に徹し、「小沢のやることには何でも反対」となったのである。そして、国民が想定すらしなかった「大野合」に打って出た。

これには底流があった。社会党の去就である。

小沢自身が「地下茎ではなく、表の茎になった」(同前)と述懐するように、社会党は戦後保守の「調整文化」の一翼を担うプレーヤーだった。自民党が資本主義による豊かさの追求と現実的な日米安全保障体制を構築する一方で、社会党は、敗戦の影響から活発化した社会主義運動と、徹底した反戦平和を求める人々を支持層とした。

戦争を経験した戦後保守にとっては、どちらが敵、どちらが味方ということではなく、全てひっくるめて国民だった。戦争の記憶を生々しく持ち、戦争を忌避する気持ちはどちらにも共通していた。社会党なくして「包括的な大衆化」が実現できないことを、戦後保守は知っていた。社会党の言い分も飲み込み、調整し、利益も配分し、顔も立てながらの「国対政治」をやってきた。それは、表では対立しながらも、裏で手を握る、「本音と建て前」の世界だった。

小沢はこれを「全会一致のなれ合い社会」、「談合政治」と言って否定した。政権が取れるというので、「非自民」連携に乗り出した社会党だったが、調整のない小沢的な政治文化にはついていけなかったのだ。「議論は徹底的にして、最後は多数決」と言うが、国民福祉税構想の際は議論どころかほとんど蚊帳の外に置かれた。側近でさえも小沢に意見具申をしたとたんに、口もきいてくれなくなったと嘆く。議論もせず、根回しもせずでは、これは独裁ではないか——社会党には、そんな不平不満が積もり、戦後保守政治に回帰する心情が高まっていた。自民党との連立を決断するのに、さほどの時間は必要なかったのだ。

「社会党と自民党が接近しているという情報は頻々と流れていた。ところが、これもまただれもが『まさか』と思っていた」(『90年代の証言』)

こう振り返る小沢だが、まったくの油断だった。

一九九四年六月三〇日、自民党と社会党、新党さきがけによる自社さ連立の村山富市内閣が発足した。「非自民」政権は、一九九三年八月九日の細川政権発足から、一一ヵ月も経たないうちに、終焉を迎えたのである。

4　敵に塩は送らせない

村山政権を支え続ける

野中は村山政権で自治大臣兼国家公安委員長に就任した。竹下派の実力者たちが小沢とともに多数離党し、野中は小渕派の中ではすっかり幹部となっていた。

新進党を結成した小沢は政権奪還を狙っていた。「自社さ」野合に対する小沢側からの批判も強く、野中の戦闘力が必要とされていたのだ。

野中は、村山政権発足までの動きを、私にこう振り返った。

「あのままだったら自民党はなくなっていたんじゃないか。政権を長く持っていたから、野党として存在することができなかったと思うね。野合と批判されたけども、生き残るためには仕方がなかった。村山さんには苦労をかけました。村山さんは総理として、日米安保容認、自衛隊合憲、日の丸・君が代尊重と、それまでの社会党の基本理念を、一八〇度大転換してくれたんです。

所信表明の演説の直前に、村山さんが国会の大臣控室に入ってきたとき、ふと見ると、目を真っ赤にはらしていた。どうしたんですかと訊いたら、『総理を引き受けた以上、日米安保、自衛隊、日の丸・君が代について、認めると答えなければならない。それを考えると昨夜《ゆうべ》は眠れなかった』と言ったんです。苦労をかけたと思いました。世界で冷戦構造が崩れる中で、これは歴史の必然だったのかもしれません。しかし、一貫して反対してきた社会党の総理が、この決断をしたことが重要だったと思うんだ」

野中が、閣僚として、どれだけの成果を上げたか、その評価は難しい。自民党と社会党が「自社さ連立」を画策している最中の一九九四年六月二七日に、松本サリン事件が起きた。野中が国家公安委員長に就任したのはその三日後だ。すでに、上九一色村からのサリン検出報道、目黒区公証人役場での拉致事件と、オウム真理教が関連する事件が立て続けに起きていた。翌一九九五年三月二〇日には、地下鉄サリン事件が起きる。そして、三月三〇日には警察庁の国松長官狙撃事件。同時並行的に、一九九五年一月一七日には阪神・淡路大震災が発生した。政権としての初動は非常に遅かったと批判された。

野中ほどの辣腕が支えながら、なぜ村山政権では危機管理の徹底がなされなかったのか、なぜ復興対応への遅れが生じたのか。「危機管理を知らない村山内閣」という批判について、野中自身も責任の一端を感じていたはずだ。

それでも野中は村山政権を評価した。『私は闘う』の冒頭でも、こう述べている。

「自衛隊合憲、不戦決議、被爆者援護法、水俣病救済、オウム真理教に対する破壊活動防止法の適用など、これまでの歴代の内閣が決して成しえなかった数々の課題を、決断処理していった」

村山政権が、被爆者や水俣病患者など、戦争被害者や社会的弱者への視線を決して忘れずに大事にしてきた点は、野中の政治信条と合致していた。

その一方で、村山政権が長続きしないことも野中は見通していた。

「私は、もう二度と、自民党が単独で政権を維持するのは不可能だと思っていました。だからといって、自社さ連立が長く続くとも思っていなかった。社会党は基本政策を転換してしまったわけですから、これから社会党として生き残ることは難しい。それだけのことを、させてしまったことを、私は心苦しく感じていました。ただ、苦労してこの決断をしてくれた村山さんをできるだけ支えていこうと、できるだけ長くやってもらおうと思って支えたんです」

野中は自民党単独政権へのノスタルジーを捨て去った。社会党が自滅するとわかっていながら、自民党が生き残るために社会党を利用するという怜悧《れいり》なリアリズムだ。同時に、滅びる運命にありながら自らに協力した村山と社会党を大事に思い、支えようとする温情主義もあった。対極にある二つの価値観を両輪として、野中の政治は成り立っていた。

そうした野中の「自社さ」路線に真っ向から反対したのが、梶山静六だった。

梶山静六の「保保連合」画策

梶山は一九二六（大正一五）年三月生まれで、野中とは同学年だ。陸軍予科士官学校在学中に終戦を迎えた。県議を経て、一九六九年の衆議院選挙で初当選。竹下派「七奉行」の中で、小沢、羽田、奥田、渡部と同期当選だが、一九七六年の「ロッキード選挙」で落選を経験した。しかし、野中が初当選した一九八三年にはすでに当選五回。一九八七年一一月に発足した竹下内閣で自治大臣として初入閣。その後、通産大臣、法務大臣などを歴任した。

鋭い政局観と攻撃力、そして思い切った決断力には定評があり、金丸から「平時の小渕、乱世の小沢、大乱世の梶山」と評された。竹下派の跡目争いでは、野中と同じように、小

梶山静六

渕を推して小沢と対立、いわゆる「一六戦争」を展開した。竹下派の分裂は、小沢と野中の対立の前に、「一六戦争」が大きなきっかけだったのだ。

七奉行の中でも、梶山や橋本や小渕には、金丸の威光を背に強引な手法を貫いて、若くして幹事長にまで上り詰めた小沢への反発もあった。そして何よりも彼らは、小沢が目指した小選挙区制の導入に反対した。

「日本における小選挙区制度は、一党独裁の基盤となる制度」（「文藝春秋」一九九五年一〇月号）と一貫して主張した梶山は、竹下と連携し、小渕を跡目にしようと、派内の多数派工作を展開した。

「反小沢」、そして「自社さ連立」というところまでの路線を、梶山は野中と共有していた。ではどこで違いが生じたのだろうか。野中は私にこう説明した。

「梶山さんはいずれ自民党単独政権を復活させたい、できれば竹下派の仲間の手に実権を取り戻したいと思っていたはずです。私はそう理解した。だからこそ梶山さんは、早く総理大臣を村山さんから自民党に戻そうと動き、橋本さんを自民党総裁にしようとしたんです。橋本さんを総裁選に出馬させて、総理への道を開こうと、通産大臣を辞めて党務に専念すべきだと主張し始めました。私はそれに反対でした」

梶山にとって自社さ連立は窮余の策に過ぎなかった。梶山は、以前から竹下派のプリンスであり、政策通で、国民的な人気も高かった橋本をトップにしようとしていた。さらに、小沢らとも再結集し、竹下派復活を目指していた。つまり自民党の保守本流と、分裂した保守勢力による、「保保連合」を画策したのである。

梶山は一九九五年二月一八日のテレビ番組で次のように語った。

「政党間の垣根はずっと低くなっており、出て行った人がまた戻ることもできる」

これは明らかに、小沢に対する秋波だった。

小沢も三月一日の記者会見で、これに応じた。

「大きな政治力を必要とするテーマで自民党と新進党が力を合わせることはあってもいい」

自民党との部分的な連携に前向きな姿勢を示したのである。

竹下派の分裂からは二年以上が過ぎた。しかし、政界再編の波は流動的だった。「一六戦争」で憎悪した小沢への梶山の呼びかけは、打算なのか、憎悪を超える友情なのか。いずれにしても、友情さえ利用するのが政治の宿命なのであり、梶山の目的は、四分五裂した保守勢力の再結集以外になかった。

「大政翼賛会」演説

野中によると、村山政権の末期、梶山には直接こう伝えたという。

「あれだけ大きな内輪もめで世間に迷惑をかけて、日本を混乱させた連中と手を組むことは、私が一人になっても反対しますよ」

野中にとって保保連合の動きは保守本流の再結集どころか逆流だった。敵に塩を送る動きだった。

これに対して梶山は、

「そんなつもりはない」

と言ったそうだが、「保保連合」の動きはさらに加速していく。

その動きが表面化したのは一九九六年の通常国会、いわゆる住専国会だ。バブル経済の崩壊によって住宅金融専門会社、いわゆる住専が巨額の不良債権を抱え、橋本政権は六八五〇億円の公的資金を投入するための法案を国会に提出した。これに小沢率いる新進党は反対し、委員会室前に座り込んで国会は空転した。

梶山は、金融危機に波及する事態は回避しなければならないという観点から小沢と直接話し合い、当面する経済、財政、金融、税制改革を行うための委員会を設置することなどを条件に、事態を打開する方向性を打ち出した。

この年の一〇月には小選挙区制の導入が決まってから初めてとなる衆議院選挙が行われた。社会党は選挙前の三〇議席から一五議席と半減、新党さきがけも九議席から僅か二議席と大幅に減らし、ともに閣外協力となった。野中と結びついていた「反小沢勢力」が大きく減退することとなった。

翌一九九七年には国会で駐留軍用地特措法をめぐり、再び梶山と小沢の連携が表面化する。この法律は、沖縄でアメリカ軍に提供している土地の中で使用期限が切れた部分につき、国側の権限で永久に軍用地として使用できるようにするものだ。沖縄の地主らが返還を求め、反対運動が激しくなっていた。

野中は梶山に指示され、この法律を審議する委員会の委員長を務めていたが、水面下で新進党との調整に動いたのは梶山だった。ミサイル・核開発を進める北朝鮮問題や台湾海峡問題などへの対応を含め、日米同盟関係を重視しなければならない方針などを小沢サイドと確認し合った。そして四月二日、三日には、橋本と小沢の党首会談にこぎ着け、法律への賛成を取り付けた。

この法案は国会に提出されてからわずか九日間で衆議院を通過した。そして、国会議員の九割が賛成した。戦争で沖縄の人々が受けた悲惨な歴史を考えると、あまりにも審議時間が短い。社会党や新党さきがけからは「竹下派の密室政治の復活だ」などと批判も出た。

野中もこのスピード審議を快く思っていなかった。ていねいな審議が沖縄の人々への配慮だと考えていた。そして何よりも「保保連合」の流れが本格化することに焦りを感じていた。

特措法は、四月一一日の衆議院本会議、そして一七日には参議院本会議でそれぞれ可決、成立の運びとなった。野中は、衆院本会議での可決の前に委員長として審議経過の報告を行った。結語にさしかかった時、野中は「一言、発言をお許しいただきたい」と言って、町長時代の昭和三七年に、占領下の沖縄を初めて訪問した時のことを話し始めた。

那覇空港からタクシーで宜野湾の街に入ろうとした時、突然、タクシーの運転手が車を止めた。そして、「お客さん、あの田んぼのあぜ道で私の妹が殺されました。アメリカ軍じゃないんです」。こう言って泣き叫んで車を動かすことができなくなったという。「アメリカ軍じゃない」ということは、運転手の妹は日本軍に殺されたということであろう。この話を紹介した後で、野中はこう締めくくった。

「この法律が沖縄県民を軍靴で踏みにじるような、そんな結果にならないことを、そして、私たち古い、苦しい時代を生きてきた人間は、再び国会の審議が、どうぞ大政翼賛会のような形にならぬよう、若いみなさんにお願いしたい」

全身全霊を込めて言葉を発した野中の表情は紅潮し、声と手は震えていた。

梶山と小沢の連携が「大政翼賛」的だと言わんばかりだった。「一色に染まる」ことのないようにと戒めているようにも聞こえた。野中の真骨頂であった。

権力闘争というダイナミズム

案の定、梶山は激怒したという。

「人が苦労して九割も賛成をまとめたのに、それにお前は水をかけた」

野中は、この「大政翼賛会」演説の真意を、私にこう説明した。

「この法律は米軍用地の使用期限が切れても、知事が反対しても、政府の判断で使用できるようにするということですから、ある意味恐ろしい法律ですよ。もっと、時間をかけて緊張感をもって審議すべきだった。〝保保連合〟を牽制しようとか、そういう意味で発言したんじゃない。演説していたら、沖縄でタクシーの運転手さんが妹を殺されたと泣き出したときの姿がワーッと迫ってきてね。それでとっさに出た言葉なんだ」

もちろん、保保連合サイドは、額面通りには受け取らなかった。小沢のもとで戦略を練っていた平野の見方はこうだ。

「野中さんならではのパフォーマンスです。沖縄と社会党への配慮でしょう。しかし、われわれは、金融システムの安定、安全保障環境の変化に伴う日米関係の在り方などで、大同団結していかなければならないという大局に立って動いていました。それに対して、野中さんはとにかく〝小沢憎し〟という情緒が行動原理だった。それはあまりにも政治を矮小化してしまうと思っていました」

梶山自身は、当時、野中を評して、よくこういった。

「彼には政治信条がない」

「憎い小沢」と再び連携しようとする梶山と野中との溝は決定的となった。

「このころから梶山さんとの溝が深まったね。梶山さんには、それなりの礼儀を尽くしてきたつもりですけど、私にライバル心を持っているのかなという、冷たい感じを受けたことは何度もある。遅くに中央に出てきた割には、竹下さんとの関係でうまくこなしてきよる、というライバル意識をね。政治の嫉妬というのは怖いですよ。少し力をつけてくると、焼き餅を焼かれて焼き殺されてしまう」

「大政翼賛会演説」は、「小沢憎し」「保保連合」牽制という権力闘争に、「反戦」「沖縄への配慮」という大義をかぶせた、野中ならではの「ものがたり」とも言えよう。

ただし、一方の梶山も、野中と同じように「二度と悲惨な戦争をさせない」という強い信念を持っていたのである。

「日本国憲法は三〇〇万人の血を流して得たものだ。死んでいった仲間の一人一人の顔が目に浮かんでくる。我々にとっては二度と戦争をしないためのお守りみたいなものだ」

梶山は、日頃からこう語っていた。ただ、強すぎるリーダーシップの下で国が一色に染まれば、国民が不幸になるという信念を野中は譲ることができなかった。これは野中の強い政治信条だった。したがって、小沢を許そうとする梶山を、許すことができなかった。

梶山は野中には政治信条がないと言ったが、政治信条は双方にあったと私は思う。あとは、それぞれの生き残りをかけて権力闘争を展開するのみ。そして、実はこの「権力闘争」こそが、自民党の幅と、民主的な多様性、政治のダイナミズムを担保していたのではないだろうか。

5 〝禁じ手〟による豹変

公明党との連携を模索

今の「安倍一強」の基礎を築いたのはだれだろうか。それは安倍本人ではない。生みの親とも言われている小泉純一郎でもない。皮肉にも、思想信条や政治手法が全く異なる野中であると私は考えている。

公明党との連立を実現したのが野中だからだ。自公連立なくして、自民党の政権掌握はあり得ない。もちろん安倍長期政権もありえない。従って、「安倍一強」の生みの親は野中なのだ。

野中の権力闘争は自公連立に収斂《しゅうれん》していく。だが、野中が築き上げた政権の「安定」が、最終的に自らの首を絞める結果になることを、野中はどれだけ想定していただろうか。


一九九八年七月の参議院選挙で自民党は改選議席六〇を大きく下回る四四議席にとどまり、大敗を喫した。これによって与党は過半数を失い、衆参で多数派が異なる「ねじれ国会」となった。この責任を取って橋本龍太郎は総理辞任を表明し、七月三〇日には小渕恵三内閣が発足した。

「官房長官をやってほしい。あなたは、オレにないものを持っている。あなたの手を借りなければやっていけない」

小渕は組閣当日、野中を官邸に呼んで頼みこんだ。

「私はとても無理です。年もいっているし、資質もありません」

七二歳だった野中が断ると、小渕が椅子をおりて床に座り込んだ。

「頼む！　小渕恵三が頼んでいるんだ。あなたは私が持っていないものを持っている。ぜひ頼む」

そういって頭を下げた。同時に竹下から電話が入った。

「助けてやってくれよ。これは天命だよ」

竹下と小渕が話し合って決めたことであるならば、引き受けるしかない。これが野中の語る、官房長官就任劇だ。小沢や梶山による「保保路線」を抑え込み、野中は小渕政権の大番頭に上り詰めた。

私は「小渕さんになくて野中さんにあったものとは何ですか」と野中に聞いたことがある。

「瞬発力でしょうね。小渕さんはじっくり考えて行動する。私は、すぐに発言し行動してしまう。そこじゃないかな」

野中は官房長官として、その行動力をすぐに発揮した。小渕と野中は国会の「ねじれ状態」によって厳しい政権運営を迫られた。相次ぐ金融機関の破綻処理と、不良債権処理を急ぐために、金融再生法と金融早期健全化法の成立を目指したものの、野党との調整が難航した。結局、金融再生法は民主党案の丸呑みを余儀なくされた。

新進党は一九九七年一二月に内部対立から解党となり、六党に分裂した。小沢はわずか五〇人あまりの側近を引き連れて自由党を結成した。しかし、国会では、この自由党や公明勢力の協力なくして法案の成立は果たせない状態が続く。

引き続き、小沢との連携を模索する「保保連合」の動きがある一方で、野中はかつての

〝宿敵〟だった公明党との連携を本格的に模索し始めた。回顧録などですでに詳細に触れているが、連立政権に向けて、直接、接触することを決めたのは、小渕政権発足直後の、一九九八年八月一五日だ。終戦記念日のこの日、武道館での全国戦歿者追悼式が終わってから、野中は国対委員長だった古賀誠らに提案した。

「ねじれ国会を乗り切るために公明党と連立をしてはどうか。何と言っても政策にぶれがないのは公明党だ」

古賀らもこれに賛同し、それぞれ、知り合いに接触し始めた。

実は、この時点ですでに環境整備はできていた。野中らによる激しい揺さぶりを受け続け、公明党は小沢との連携を見直し始めていたからだ。

村山政権下で国家公安委員長だった野中は、オウム真理教の事件をきっかけに、宗教法人法の改正を目指した。この際、自民党は、政教一致の問題を焦点に、創価学会の池田大作名誉会長の証人喚問を求めた。新進党の公明党系議員が議場にピケを張って抵抗するなど消耗戦が続いた。

また、野中は公明党幹部と暴力団組長が密会している現場のビデオテープが存在するという情報をつかみ、公明党側に伝えた。平野によると、これは公明党に国会で歩み寄りを強いるための揺さぶりだったという。

一方、揺さぶりと駆け引きの中で、野中は公明党幹部とのパイプも太くしていった。予算委員会であれほど激しく対峙した草川だったが、新進党の代議士会で小沢と対立している様子がテレビに映ると、野中から直接電話がかかってきたという。

「あんた大したもんやな。小沢相手にあそこまで言うんは」

公明勢力が小沢と距離を置くに従って、野中は距離を縮めていった。草川とは「切っても切れない人間関係」ができたという。一方の公明勢力もまた、小選挙区制で苦しい結果が予想されることから、中選挙区制の復活を求めていた。野中は、橋本政権が軌道に乗ると、中選挙区制の復活に応じる姿勢をちらつかせ始めた。

自由党をクッションとして

野中は、小選挙区制は「二大政党ではなく巨大な一党が独裁するという事態になる。しかも小選挙区という制度がこれを不可逆的なものにする」(『私は闘う』)と、日本における小選挙区制の末路を予見した。その上で「私はこの制度をいまからでも遅くはない、大胆に見直すべきだと思っている」(同前)と語った。

これは公明党への「甘い水」だったことは誰にでもわかる。野中は「甘い水」の与え方も絶妙だった。これも共産党との闘いで身に着けた政治手法だろう。攻撃は凄まじい。凄まじければ凄まじいほど、攻められている側は、隙間にさしのべられた甘い言葉と情を、ありがたく感じる。これは人間の性かもしれない。いじめられているのに、いじめっ子がたまに見せる少しばかりの優しさをうれしく思い、そこにすがって、支配され続ける心理にもよく似ている。

野中は、公明党（一九九八年八月時点で衆議院は「新党平和」、参議院は「公明」だった）の幹事長になる冬柴鉄三らに接触をした。

この背景について、野中はこう説明する。

「私は将来的には公明党との連立が必要だと考えていました。橋本政権時代に、水面下で計画しました。公明党との連立が必要だと思った理由は、公明党がぶれないことです。個々人の考えは別にして、決まったとおりに行動するからです。公明党の選挙協力なくして自民党は過半数を取れません。自民党単独政権時代が終わった以上、こういう勢力がないと、野党に揺すり倒されてしまう」

野中の想定通り、「連立する」という総論では公明党も前向きだった。野中ら自民党の恫喝に耐えきれなくなったこともあるだろう。対立と妥協を通して草川らと築き上げてきた人間関係が、いつしか信頼関係となって、新たな連携の絆になったことも確かだろう。さらに言うなら、社会党と同様に、公明党は一度吸った政権の甘い汁の味が忘れられずに、自民党の誘いに引き寄せられたという側面もあったはずだ。

自民党と公明党は、複雑な経緯と心理を絡め合いながら接近し始めた。

だが、公明党には、自社さ連立を「野合」と批判し、「自民党の補完勢力にはならない」と豪語していた経緯もあった。さすがに、すぐに連立はできなかった。野中に対して、公明党サイドから提示された条件は、自公連立の前に、自民党と自由党が連立することだった。冬柴は野中にこう言ったという。

「この前まで敵対していたのに、いくら自民党の数が足りないからと言って、すぐに連立では支援者を説得できない。自由党を座布団としてワンクッションおいてほしい」

野中は小沢を「悪魔」と罵り、嫌っていた。しかし、公明党から突きつけられた条件は、その小沢との連立だった。ためらいはなかったのか。私が訊くと、野中はこう答えた。

「ためらいはありました。しかし、官房長官としての危機管理は、まず国政を安定させることです。公明党と組むには、小沢さんと組むしかない。私は小沢さんのことを〝悪魔〟と言いきっていました。竹下派を分裂させて、政界を混乱させた小沢さんを許すことができなかった。しかし、土下座をしてまで私に官房長官を頼んだ小渕さんの気持ちを考えると、私自身はあとで恥をかこうと、誹《そし》りを受けようと、政局を安定させることが私の役割だし、そのためには小沢さんと手を結ぶことが必要だと思った」

ここが野中のリアリストたる所以《ゆえん》だ。個人的な感情を自ら抑えつけ、とにかく目的を達成しようとする。「敵と味方の峻別」、「一度、敵に回ったら、二度と寄せ付けない」というのが最近の政治だが、野中はまったくそうではない。昨日の敵は今日の友。その逆もまたしかり。個人的な感情にこだわるのではなく、求められる政治状況をつくり出すため変幻自在な関係性の中で生きていく。この柔軟性もまた、戦後保守の幅であり、厚みだったと私は思う。

小泉純一郎の猛反対

官房長官就任直後のインタビューで、野中は小沢に秋波を送った。

「個人の感情は別として、小沢さんにひれ伏してでも国会の審議には協力頂きたいと思っている。それが内閣のかなめにあるものの責務だ」(朝日新聞一九九八年八月七日)

この柔軟性を受け入れず、自由党との連立に猛反対したのが小泉純一郎だ。当時、小泉は記者団にこう話している。

「野中さんの言っていることはおかしい。なんで政権政党の自民党がひれ伏さなければいけないのか。ひれ伏してでも一緒にやりたいのは自由党の方なんだ」

小泉は一九九五年の総裁選で橋本と戦い、九八年の総裁選では小渕と争った。いずれも敗北だった。政治の師は福田赳夫。住み込みの書生から始まり、一度の落選を経て、田中政権下の一九七二年に初当選。福田と田中がしのぎを削った「角福戦争」の時代、常に田中に先を越された福田の姿を見て育った。打倒田中派は福田の派閥「清和会」の宿願であり、小泉はまさにその宿命を背負って挑み続けていた。

田中直系である竹下派「経世会」全盛の一九九一年には、加藤紘一、山崎拓という二人の盟友と政治連盟ＹＫＫを結成して、反経世会の動きを本格化した。小泉は、経世会の利権の牙城を支える郵政事業にも切り込み、郵政民営化を持論とした。小沢にも対抗し、小選挙区制に反対した。

小渕政権時代、福田派の系譜は森派となり、小泉は派閥会長も務めた。しかし、橋本政権以降、田中派の系譜が実権を再び握っていた。小渕政権を仕切っていたのは野中だ。この段階で、まだ小泉には政局を動かす力はない。

野中が小沢への接近をちらつかせたことで、「保保連合」推進派だった亀井静香が飛びついた。一九九八年八月の下旬である。野中と小沢との間を仲介し、都内のホテルで会談が実現、具体的な政策協議が始まった。

自由党との連立合意は一九九八年一一月一九日。いわゆる自自連立政権の小渕改造内閣が発足したのは、一九九九年一月一四日のことだ。

小沢は、この連立の後に、公明党との連立が待っていること、すなわち、自分たちが「座布団」に過ぎなかったことを知っていたのだろうか。当の小沢は次のように語っている。

「いやいや、最初はわかってないですよ。だけど、そんなことは僕にとってはどうでもいいんです。僕が理想とするものが出来上がるならば、自自公だろうが、何だろうがいいんです。共産党が連立に加わったって構わない」（『90年代の証言』）

小沢側近である平野の証言はこうだ。

「梶山さんから『絶対に反対だ。今、連立すべきではない。必ず野中に騙されるぞ』と連絡がありました」

梶山は、自自連立の合意が果たされた直後、私の取材にこう語ったことがある。

「小沢さんも決断が早すぎた。もう少し自民党が追い込まれてから連立すればよかったんです。しかし、自由党もバラバラだ。早く与党に行きたいという連中も多いんだろう。小渕や野中には理念、政治信条がない。だからなんでもできる」

政策合意の中で、自由党が求めた、役人が政治家に代わって国会答弁する政府委員制度の廃止、副大臣や政務官の新設、党首討論の設置などが、矢継ぎ早に決まった。

公明党も、将来の連立を見据えて、共同歩調をとった。小渕政権が提出した周辺事態法、通信傍受法、野中が力を入れた国旗国歌法など、ことごとく成立に向けて協力した。

一九九九年一〇月五日に公明党を連立に加えて、自自公連立である小渕再改造内閣が発足した。野中はこれを見届けて、官房長官の座を退いた。再び党務に戻り、幹事長代理に就任する。後任の官房長官は、同じ小渕派の青木幹雄が就任した。竹下の地元秘書から参議院議員になり、大きな影響力をもった、自民党参議院のドンである。

しかし、ここから政局は、一気に自由党の政権離脱に向けて動き出す。

連立解消、そして小渕首相の死

自自公連立を受けて、解散・衆議院選挙の時期が焦点となった。永田町の論理だけで政権の枠組みが変わる中、民意を問うべきだという意見が湧き起こった。ここで自由党は、保守勢力による新党の結成を主張した。自民党を支持する保守層には公明党へのアレルギーが大きかったのも事実だ。しかし小沢は、野中がパイプとなっている自公の連携にイニシアティブを握られる事態を強く警戒した。

二〇〇〇年三月五日、小渕から野中に電話が入った。

「一ちゃんが、とにかく自民党をつぶしてくれ、そうしたら自由党もつぶす。そして、一大保守新党をつくろうと言ってきた。今月末までに結論を出してくれと言われた。これができなかったら、一ちゃんは連立から離脱するというんだ」

野中は怒りが込み上げてきた。竹下派を分裂させ、自民党を離党した小沢が、今度は自民党を解党させようとしている。

「そんなもの、その場で断ったらいいじゃないですか」

そう言うと、小渕は困り果てた声で
「今月末まで考えてくれと言われたので、すぐには断れなかった」

と言った。


回答期限の翌日、二〇〇〇年四月一日、小渕と小沢は党首会談を行った。はじめ、公明党の代表だった神崎と青木も同席していた。連立を維持するかどうか、話し合いは難航した。そこで青木がこう切り出した。

「神崎さん、二人で話をさせましょう」

その後、二〇分程度、二人きりの党首会談が行われ、終了後に、小渕は自由党との連立解消を公表することになる。

野中は、小沢と連立を組んだ際に、「変節漢」と批判された。しかし、許したわけではない。公明党との連立を実現するために必要だった自由党を、ワンクッションとして利用しただけだ。結果的に自民党は冷徹かつ非情に、小沢を排除することになった。

ただ、予想外の事態が起きた。党首会談の翌日、二〇〇〇年四月二日未明、小渕が総理公邸で倒れたのだ。自公連立は、混乱と悲しみの中でスタートすることになった。

「こんなことになるのなら、あの時、官房長官を代わるんじゃなかった。青木さんは本当に不用意だった。小渕さんを小沢と二人だけにするべきじゃなかったんだ」

小渕が倒れた後、野中は周辺にこう語った。「小渕と小沢を絶対に二人きりにしてはいけない」と常日頃言っていた。小渕が情にほだされてしまうのを恐れたからだ。

かつて竹下派を支えた小沢との決別は、小渕にとって大きな精神的負担だったはずだ。自分が側にいれば、小沢の提案など一蹴して、連立解消を決めたであろう。無駄に小渕を悩ませ、苦しませることはなかった。そう思って、野中は悔やんだ。

小渕は意識を取り戻すことなく、この世を去った。野中ら実力者五人が都内のホテルに集まり、小渕政権のもとで自民党幹事長だった森喜朗を、次の総理総裁にすることを決めた。

「密室で生まれた政権」

厳しい批判を浴びながらスタートしたこの政権で、野中は幹事長に就任する。

第五章　保守本流の敗北

1　償いの政治

理屈でなく感情で戦争を否定

野中が官房長官に就任して以降、日本を取り巻く安全保障環境が、大きく変化した。一九九八（平成一〇）年八月三一日に北朝鮮がミサイル発射実験を行い、日本上空を通過して太平洋に落下するという大事件が発生した。

野中は一九九〇年に金丸訪朝団の一員として北朝鮮に行き、九二年にも訪朝して当時トップの金日成国家主席と会談している。北朝鮮との議員外交の窓口を自任していただけに、非常に大きなショックを受けた。「はらわたが煮えくり返る思いだった」と怒りをあらわにした野中は、すぐさま貨物や旅客のチャーター便を止める制裁を科した。

野中のアジア外交は、「圧力より対話」であり、「戦争の傷跡の清算」を重視した。だからこそ、訪朝も繰り返し、幹部との親交を深めてきた。そんな野中の思いをあざ笑うかのように、北朝鮮は挑発を続けた。

一九九九年三月二三日、今度は、能登半島沖で二隻の北朝鮮工作船が発見された。海上保安庁の巡視船が追跡したが追いつけず、二四日未明に自衛隊による「海上警備行動」が発令された。「海上警備行動」とは、自衛隊法八二条に規定されているもので、海上保安庁では対応しきれなくなった海上での人命救助や治安維持などの事態に対処するため、内閣総理大臣の承認を得て防衛大臣（当時は防衛庁長官）が自衛隊に命じる行動で、不審船への立ち入り検査などが行われる。だが野中は、「海上警備行動」の発令に慎重だった。

「不審船が発見されて、古川（貞二郎）内閣官房副長官が、『海上警備行動を出してください』と言ってきた。しかし、私は慎重だった。武力攻撃につながる可能性があるからです。向こうから手を出すわけでもないのに、攻撃するもんじゃない。海上保安庁に任せるべきで、直ちに自衛隊を出すべきではない。そう指示して、夜、いったん自分の宿舎に戻ったんだ。そしたら午前零時前頃でしたか、古川さんが電話してきて、『不審船が二隻とも、停まっています。捕捉するのは今しかありません。そばに海上自衛隊の護衛艦がいます。海上保安庁の船は追いつけず、ずっと後方にいます。いま海上警備行動を出してもらわないと捕捉できない』と言ってきた。

だから私はすぐに官邸に戻って、『本当に捕捉できるんだな』と念を押して、海上警備行動を決めたんです。二四日の零時半頃だったと思います。そしたら、不審船が、突然に動き出して、結局、逃げられてしまった」

追跡した護衛艦は不審船に対して威嚇射撃などを行ったが、結局、逃げられた。野中の対応に不備はなかったのか。もっと早く「海上警備行動」を発令すべきではなかったのか。疑問をぶつけると、野中はこう答えた。

「それでも私は対応は慎重であるべきだと思った。あんなボロ船相手に、中途半端な武力行使をして、かえって事態が大きくなって、手を出したことが間違いだったということになるんじゃないかという気持ちがあったから、慎重にやれとばかり言っていた。

悲しくて、悲惨で、愚かな戦争を絶対に起こさないという議論がすっかり忘れ去られて、自衛隊の海外派遣、集団的自衛権の行使、憲法九条改正が語られている。時代の変化によって憲法は変わるものかもしれない。しかし、変えてはいけない部分は、自衛隊は専守防衛であるということ。他国に脅威を与えるような自衛隊の存在を許してはならない。したがって防衛に関しても常に抑制的でなければならないと私は思います」

戦争を経験し、一兵卒として軍隊生活を送った世代の一人として、野中は戦争を理屈で語ることを否定した。理屈で考えれば戦争は政治の手段としても、外交の延長としても妥当性をもつ。しかし、野中にとって戦争とは、特攻隊員の悲しみであり、上官に殴られる痛みであり、傷ついた人々の苦しみであり、焼け野原を見た時の懺悔である。野中にとって戦争は、理屈ではなく、感情的に、そして無条件に、あってはならないものだったのである。

戦争の傷跡を修復する

野中は、戦争の傷跡を修復しなければならないと訴え続けた。中国における旧日本軍の遺棄化学兵器の処理事業を推進し、被害者への賠償裁判に資金提供も行った。

かつて野中は私のインタビューで次のように語った。

「戦争は絶対にやってはいけない。そして、戦争の傷跡は修復しなければいけない。シベリアにも、東南アジアにも、たくさんの遺骨が放置されている。私が官房長官を辞めて幹事長代理だった時、体の半分が火傷でケロイドになった中国人の女性と、ある人の紹介で会いました。中国北東部の山に日本軍が遺棄した化学兵器がいまだ放置されている。それに触って火傷をしたそうです。この人は私にこう言いました。『これは私の不注意です。だから賠償してくれと言うのではない。ただ学校に行ったら皆が私から離れて行く。病気がうつると言って離れて行くんです。一生冷たい目に晒されて障碍を抱えて生きて行かなければならない。日本の皆さんに、この醜態を見ておいてほしい。戦争がどれだけ恐ろしいことか。いまなお終結していない事態がどれだけ悲しいことかを、見ておいてほしいんです』と。

私の実家の近くには、造兵廠という兵器を作る工場やマンガン鉱山があって、そこで働いていた人の中には、朝鮮から来た人がたくさんいました。この人たちは鞭で打たれ、血を流しながら、冷酷な環境で働いていたんです。

日本人だって中国に残された残留孤児がたくさんいた。日本政府がもっとはやく対応していれば、もっとたくさんの人が帰ってこられたでしょう。すでに親が死に、親戚とも疎遠になり、帰りたくても名乗り出ることのできなかった人がたくさんいた。暗くて悲しい歴史です。こういう傷跡を修復することが日本の良識であるべきなんです」

沖縄への視線と「償いの政治」

沖縄への視線も同じだった。沖縄の名護市に有名なリゾートホテル、ザ・ブセナテラスがある。広々としたロビーから見える青く澄み切った海は開放的で美しい。その海に背を向けてエントランスを出ると、左に道が通じている。左右にハイビスカスが咲き乱れ、点在するコテージを抜けると、沖縄サミットで首脳会議が行われた万国津梁《しんりよう》館が見えてくる。日ごろは観光客もほとんどいないという。大会議室の前には「サミットホール」と小さな案内板もあり、自由に見学ができる。

沖縄サミットが行われたのは森政権下の二〇〇〇年七月二一日から二三日まで。しかし、万国津梁館の手前には、座った小渕が何かを語りかけようとしている姿の銅像がある。等身大よりは少し大きめ。顔は実物より丸みを帯びて彫られていると感じた。

なぜ、小渕の銅像なのか。沖縄でのサミット開催は小渕が決めたからだ。もちろん、それを支えたのが野中である。野中の思い入れは強かった。一九六二（昭和三七）年の園部町長時代、嘉数《かかず》の丘に京都出身で犠牲となった兵士の慰霊塔建立のために訪れて以来、沖縄で問題が起こるたびごとに現地に向かった。

国政に進出してからは、宜野湾市に対して、嘉数の丘を公園として整備するよう要請し、そのための予算的補助をするために動いた。沖縄・北方領土特別委員会にも六年所属した。また普天間基地返還が橋本内閣時代に決まってからは、移転先の辺野古にも足を運び、地元住民に理解を求めようと歩き回った。

これらの思いが、前述の「大政翼賛会」演説にもつながっていた。

二〇〇〇年の日本でのサミットについては、関係省庁から八ヵ所の候補地が上がってきていた。開催場所や警備状況など様々な条件を踏まえた上で順番がつけられていたが、沖縄は最下位の八位。回顧録によると、この資料をみた小渕はこういったそうだ。

「順位はつけてあるけど、決めることはできるんだから、沖縄でどうだい」

野中は答えた。

「それはできますよ。決めたらできます。二人で決めたことにしましょう」

一九九九年四月二九日、野中は午前の定例記者会見で、サミットの開催地が沖縄に決まったことを公表した。

二〇〇〇年に入り、野中は沖縄の「アメラジアン」と呼ばれる子供たちの問題にも関与した。「アメラジアン」とはアジア人女性と日本に派遣されたアメリカ軍人との間に生まれた子供たちのことだ。国籍や言語、反米感情などが重なり、日本の学校に行けば差別、いじめの対象となった。インターナショナルスクールには親の経済的事情から通えない場合が多い。

アメラジアンの教育拡充のため、一九九八年に「アメラジアンスクール・イン・オキナワ」が宜野湾市内に開設されたが、資金不足から、十分な校舎、教師の確保ができない状況が続いていた。やがて、設備拡充のための公的資金援助を求める陳情が公明党にも寄せられ、沖縄サミット前に草川が野中に相談した。野中の仲介で草川らは沖縄サミットの際に小渕と直接会って、この窮状を訴えた。そして、この年の年末には、校舎建設の予算が決まった。

二〇〇九年一二月に行われたシンポジウムで野中はこう語っている。

「戦争の悲しさ、日本がやった戦争の多くの傷痕、これを知っておる人が次々と亡くなっています。（中略）他国に自衛隊を送って、世界の紛争に日本も参加すべきだということをおおらかに議論できる人々が増えてきました。こういう人を保守と呼ぶのは、私は非常に嫌いなんです」

戦後保守からの脱却を唱える右翼的な人々からすれば、野中らの「償いの政治」は弱者利権の擁護であり、屈辱的、弱腰と映った。

一方で、野中の「償いの政治」における沖縄支援策について、「アメとムチ」に過ぎないと批判する左翼的な勢力も少なくない。いくら沖縄に寄り添おうが、予算をつけようが、結局、「米軍基地のある沖縄」を固定化するものでしかない、と。琉球大学の島袋純教授は次のように話す。

「こうした制裁的な措置だけでは沖縄の統治は続かないということで出て来たのが先の保守政治家たちです。誠心誠意をこめて沖縄の振興、発展に取り組みますと。沖縄戦では苦労をかけたけど、米ソ冷戦体制がもうしばらく続きそうなので、本当に申し訳ないけれども『我々は償いの心をもって振興にとりくみます』というのが彼らのスタンスでした。（中略）ただし結果として、沖縄振興体制は基地の存在を正当化し、これを存続させる手段にもなった」（『国防政策が生んだ沖縄基地マフィア』）

今、保守本流の政治が保っていた均衡が崩れ、抑え込まれていた感情が、左右の双方から頭をもたげてきているような気配もある。

2 影の総理

目の前の苦しみに手を差し伸べたい

「政治とは何か。生活である」

これは田中角栄の言葉として伝えられている。この考え方は戦後保守本流の根本だ。

「守るべきは、やはり平和であり、反戦であり、そして国民を中産階級の国民にしていくということ」

という野中の保守思想にもつながる。その政治とは、まさにいまここで困っている人たちに手を差し伸べようとする政治だった。具体的にメシを食わせ、生活を支え、苦しみを取り除いてやることだった。

野中自身に言わせれば、国旗国歌法を成立させたのも「人の命を救う」のが目的だった。この法律は一九九九年六月に閣議決定され、八月に成立している。

「広島では日教組を中心に教師たちが日の丸の掲揚と君が代の斉唱に反対していました。一方、教育委員会は卒業式での掲揚と斉唱を職務命令として各校長に求めていたんです。

この板挟みになって世羅高校の校長が自殺してしまいました。一九九九年二月二八日のことです。私は二度とこのような不幸な事件を繰り返さないためにも、強引にでも国旗国歌の根拠法を作ろうと思った。法制化は賛否両論でしたが、そうしないと、再び不毛な議論の中で、同じような犠牲者が出てしまうという危機感がありました」

「平和の党」を標榜する公明党は慎重だった。天皇主権のもとに戦争に突入した時代のシンボルとして、国歌にはアレルギーが強かった。

公明党の冬柴からの回答は「国旗はいいけど、国歌は難しい」だった。

「これはセットでお願いします。今さら〝君が代〟をやめて新しい国歌を募集して定着させることなど現実的ではない。そもそも〝君が代〟とは〝君と私の世〟という意味なんだから、そう解釈してくれればいい」

野中の反戦の姿勢と、国旗国歌法の制定は、一見、矛盾するかのように見える。しかし、高邁な天下国家論や、それを国民に押しつけるイデオロギー的政治を嫌う野中の中では、極めて自然につながっている。国旗・国歌が軍国主義の象徴ではなかったかという歴史認識の議論よりも、この問題で二度と自殺者を出さないという現実論が優先されるのだ。野中にとっては、現実に対処する上で、理念は二の次となる。

野中が晩年を過ごした京都市内のマンション近くの公園には、三人のホームレスがいた。

日々の散歩の中で彼らに気づいた野中は、いつしか歩み寄って、「なぜこうなったのか、家族はどうした」などと声をかけ、話し込むようになった。

「家族がいるなら、正月には帰ったらどうだ……」

こう言って野中は、三人それぞれに三万円ずつ渡した。年明け、一人は、またその公園に戻り、二人は姿を消した。野中が金を渡したからと言ってホームレスの問題が解決するわけではない。いなくなったホームレスも居を移しただけかもしれない。

だが野中の政治は、「今、目の前にある苦しみや悲しみに、すぐにでも何とか手を差し伸べたい」という思いそのものだった。社会構造全体の中で考えると論理が歪んでいるように思われても、野中はあまり気にしなかったのである。

「影の総理」の権勢

森は沖縄サミット直前の二〇〇〇年六月二日には衆議院を解散し、同月二五日に衆議院選挙を行った。森の失言が相次ぎ、内閣支持率は下落傾向だった。各小選挙区で公明党が持つ基礎票への依存度はますます強まり、公明党との太いパイプを持つ野中の権力も一段と強まった。

公明党との選挙協力を強化するため、選挙区によっては公明党候補を推薦し、自民党候補を比例代表に回すという戦略も取った。かなり強引な候補者調整が求められた。

公明党は東京四区の遠藤乙彦、東京一七区の山口那津男、そして、沖縄一区の白保台一の小選挙区擁立を主張していた。いずれも公明党の次世代を担うリーダーと目され、実際に山口は今の公明党代表を務める。ところが自民党には東京の四区にタレント出身の森田健作、一七区には警察官僚出身の平沢勝栄、沖縄一区には下地幹郎という公認議員がいた。

野中はこの三人を比例に回して、選挙区では公明党候補を推薦する方針を決めた。下地は指示通り比例に回ったが、森田と平沢は首を縦に振らなかった。森田は無所属で戦うことを決めたが、平沢は最後まで抵抗した。

「私の後援会は代々自民党を支持している方がほとんどです。私の支持者でありますが、まずは自民党支持者なんです。その方々が、なぜ公認をとれないのか、なぜ公明党を推薦しなければならないのか、と。野中さんの方針は、あまりに強引すぎると徹底して反対しました。そして、何としても公認を取って来いといわれました」

私は、九六年一〇月の衆議院選挙で、平沢と山口の戦いを取材した。平沢は、当時、新進党だった山口と戦い初当選を果たしたが、山口を支持する創価学会との戦いは、それは激しいものだった。私は、その現場を目の当たりにしただけに、この時ばかりは野中に対し、調整に苦しむことへの敬意や同情よりも、公明党と連携して着々と基盤を固める権力者としての傲慢さを感じた。
野中にとってみれば、平沢は、「組織の決定に従わない反乱分子」となる。最終的に、公示日直前に公認したものの、平沢から「二度と公明党批判をしない」という誓約書を取った。それでも許さず、選挙戦で野中は山口の応援に入った。野中の執拗な一面である。
「これは一緒にやっていく人間じゃないわ、と思ったから。向こうもそう思ったんでしょう。最後まで仲が悪いまま、終わった」(『野中広務　回顧録』)
この対立が後に、野中時代終焉の一つのきっかけになるとは、誰も予想していなかっただろう。この時期、野中の権勢は絶頂期を迎えていたと言える。この頃から、野中は「影の総理」と評されるようになった。「野中は自分の派閥をつくろうとしている」という噂も流れた。

森の失言と加藤の乱

選挙に対する森の失言の影響は大きく、自民党は議席を三七も減らしたが、かろうじて与党三党で絶対安定多数の二七一議席を確保した。野中は一定の成果を出したとして、幹事長を続投した。しかし、その後も森政権の凋落に歯止めがかからなかった。森の失言も相変わらずだったが、森が抜擢した閣僚のスキャンダルも支持率の下落につながった。

このままでは翌二〇〇一年の参議院選挙が危ない。そんな危機感が党全体に広がる状況下で、いわゆる「加藤の乱」が起こる。

加藤紘一は橋本政権下で自民党幹事長を務め、幹事長代理だった野中とともに自社さ連立政権を支えた。将来の総理とも評されたが、九九年の総裁選で小渕に敗れ、重要ポストから干され続けていた。次の活路が見いだせない中で反森政権の動きを強め、一一月に野党が提出する予定だった内閣不信任案に同調する言動を続けた。

加藤らが不信任案に賛成すれば、可決してしまう可能性があったが、野中の切り崩しと説得が功を奏し、「加藤の乱」は沈静化する。最後に加藤は一人で本会議に出席し不信任案に賛成票を投じようとしたが、「大将なんだから！　一人で突撃なんてダメですよ」と仲間に引き留められた。反乱を断念した加藤が、説得され、涙ぐみながら立ち尽くすシーンは、このの ち加藤が失脚していく象徴的な場面として、テレビで何度となく放送された。

不信任案は無事に否決されたが、野中の森に対する苛立ちは最高潮に達していた。すでに「愛想を尽かしていた」という状態であり、野中は森に直接こう言った。

「（内閣不信任案は）否決されましたけど、森総理が信任されたわけではないですよ」

森は非常に不機嫌になったという。

野中は幹事長だったとはいえ、森を守るために、将来、優秀な日本のトップになったであろう加藤をつぶしてしまったことに忸怩《じくじ》たる思いもあった。波乱続きだった国会が終わる二〇〇〇年一二月一日、野中は森に幹事長を辞任する考えを伝えた。

「もう疲れたので幹事長を辞めさせてください」

森から慰留の言葉はなかった。

「次はだれにするのか」

とだけ問われ、

「それは古賀さんがいますから」

古賀誠を後継指名して、野中は身を引いた。

野中は凄まじい執念をもって権力闘争に臨むが、掌握した権力には非常に淡白だ。官房長官は一年二ヵ月、幹事長はわずか八ヵ月で辞めた。それぞれ、自ら辞任を申し出ている。

戦後保守の「不透明さ」

野中は自ら支え、自ら体現しようとしてきた保守政治が、終焉を迎えつつあることを予感していたのかもしれない。幹事長に就任した直後、園部の自宅を訪れた週刊誌の記者に対し、次のように語っている。

「私もそろそろ消える時ですよ。小渕さんが倒れ、竹下さんも引退するし、梶山さんまで引退を表明された。何か無念というか、一つの時代の移り変わりやなと。そういう節目に突っ立っている。これを最後の仕事にしようと思うてます」

最大派閥として自民党を支配してきた竹下派が弱体化することも予想していた。

「いずれは経世会がつぶれていくだろうということは僕にはわかっていました」(『90年代の証言』)

特に、森政権が発足して以降、野中らの保守政治に対する国民の不信感は高まるばかりだった。それは「政治とカネ」の問題に象徴されるが、「不透明さ」と「わかりにくさ」も政治に対する疎外感を募らせた。

小沢の政治改革が一時、強い支持を得た理由も、その「わかりやすさ」への期待があった。だが、小沢自身が古い「二重権力構造」と、わかりにくい政治から抜け切れていない現実が見えた途端に、国民の関心は薄れ、小沢の凋落が始まった。野中は、この経緯を他山の石として、もっと「透明性」に敏感になるべきだったと思う。しかし、小沢を放逐し、制圧したあとも、「調整型政治」に伴う「不透明さ」を払拭することはできなかった。その象徴が密室の中の意思決定、野中ら実力者「五人組」による森政権の発足だった。

加えて、平成不況と呼ばれた長期の景気低迷が国民生活を直撃し、それを克服できずにいる「決められない政治」への批判の再燃にもつながった。

日本経済は、九九年春以降、生産の増加も好調で景気回復の局面にあったが、ＩＴ関連の需要に偏っていたため、二〇〇〇年以降のＩＴバブル崩壊に伴い、企業の収益、そして設備投資は大きく減少した。家計面を見ても、九七年以降、所得も消費も伸びなかった。雇用も厳しい情勢が続き、九九年春以降も失業率は四・五％を越える高水準で推移し、二〇〇一年七月には五・〇％と初めて五％台となった。

処理の遅れた不良債権問題によって、銀行は貸し渋り、企業の資金調達も阻害された。日本経済は「緩やかなデフレ状態」となり、物価下落が企業収益の減少、雇用と賃金の低迷、個人消費の冷え込みという悪循環に陥っていた。

「デフレからの脱却」が深刻な課題となっていたのだが、具体的な政策を打ち出すことができない自公連立政権への国民の苛立ちが最高潮に達した。公共投資に依存した相変わらずの需要刺激策にも、目立った成果は見られなかった。

そして二〇〇一年に入り、景気は再び後退局面に入る。このままでは不況を打開できないという失望感が、国民と政治の隔たりをますます広げた。

野中は戦後保守に対する、国民の不満を実感していた。しかし、新たな解決策を見出せなかったことも確かだった。時代は別の改革を求めていたのだ。

3　幻の野中総理

小泉純一郎と田中真紀子

二〇〇一年になると森内閣の支持率はますます下落した。森の総裁任期は九月までだったが、七月には参議院選挙がある。地方からも早期退陣を求める声が噴出していた。

こうした状況を受けて、森が九月の総裁選を前倒しすることを決め、事実上の辞任表明をしたのが三月一〇日である。この日の夜に、森は党幹部を集めて意思を伝えた。総裁選挙は四月中旬と想定され、ポスト森を巡る動きが本格化することになる。

この時点で、すでに、小泉純一郎擁立で動き始めていた議員がいた。二〇〇〇年の衆議院選挙で、野中からなかなか公認がもらえなかった平沢勝栄である。野中との対立により、所属していた橋本派を脱会していた。いわゆる都市型議員で、地元には無党派層も多い。平沢は、戦後保守に対する苛立ちを、野中以上に肌で感じていた。

本書執筆にあたり、私は改めて平沢に当時の思いを聞いてみた。

「野中さんの政治は、時代が求めているものと合わなくなっていた。改革するエネルギーがないと思った。そして自分は、野中さんたちの古い政治を改革しなければならないと思った」

平沢に、「古い保守政治」を一掃したいという強い思いがあったことは紛れもない事実だろう。同時に、二〇〇〇年に、野中と対立した時の怨念があったことも確かだろう。

その平沢が仲間に引き入れたのが、田中真紀子だった。一九九三年初当選。父親・田中角栄譲りの話術、歯に衣着せぬ奔放な発言は人気を呼び、翌年には村山内閣で科学技術庁長官に抜擢された。そしてまた、父を裏切った竹下と、その後継者に対する怨念は、平沢とは比べ物にならないほど根深いものがあった。

森の辞任が避けられないとわかった三月上旬、平沢は真紀子とともに小泉の事務所を訪れ、出馬を要請した。平沢は「野中ら竹下派の継承者に立ち向かう小泉と真紀子」という対立を、「古い保守政治vs.改革派」さらには「古い永田町の論理vs.改革を求める国民」という構図として打ち出そうとしていた。

この構図が成立すれば、自民党総裁選を、単にコップの中の権力闘争に留めることなく、政治の主体性を国民の手に取り戻すための闘争に仕立て上げることができる。そして、この平沢の戦略には、「国民との一体化」を演じる役者が必要だった。その役者に小泉と真紀子はうってつけだったのである。

これを迎え撃つ側の総大将として浮上した存在が、野中だった。後継指名されて幹事長に就任した古賀は、野中に対して自民党総裁選への出馬を強く求めた。今回、古賀に改めて当時のことを取材すると、古賀は次のように振り返った。

「私は何回も強く申し上げた。『この政局を乗り切るためには橋本派の代表として出馬すべきだ。それ以外に政治を安定させる道はない。そして、それが小渕前総理への弔い合戦にもなる』と決断を求めました。野中さんは明言しませんでしたが、一瞬、日本政治の安定のためには最後の御奉公をしなければならないという気持ちを示していただいたと期待したんです。なぜかというと、財政、金融の問題や、防衛問題などで、専門家の方々を呼んで勉強を始めたからです」

野中出馬を強力に進めたもう一人の人物が鈴木宗男である。鈴木は、野中の官房長官時代に官房副長官に起用された。幹事長時代には総務局長として支えた。選挙区調整で平沢らと直接向き合ったのは鈴木である。鈴木にも、この時のことを取材すると、古賀と同じように期待感を高めていたことがわかった。

「半年の暫定政権でもいいから頑張ってほしい、とお願いしました。国会議員票で勝てると思った。汗をかいた人を正当に評価する人でした。世間では怖い人というイメージがあったかもしれませんが、平和の重みを意識し、戦争を二度とさせないという決意を持ち、人情を大切にする。政治家である前に人であることを大事にされていました。総裁になってほしかった。受けてくれるという期待感を一時持ったんですけどね……」

「俺は総理総裁の器じゃない」

確かに野中はこの時期、政策提言を行っている。例えば、三月一七日に佐賀市内で行った講演では、デフレ脱却のために「インフレに限りなく注意しながら、大胆に金融政策を見直していかないといけない」と述べて、日銀の買いオペレーションによる金融緩和策を主張した。それまでインフレターゲット論などを厳しく批判していただけに、総裁選出馬を見据えての現実路線への転換だと受け取られた。

秘書だった山田も、

「これは総裁選への準備ではないか」

そう思ったという。

古賀の期待感は高まり、三月三一日の講演でこう述べていた。

「野中さんを頂点に、なんとか日本の政権の真ん中にいていただいて、二一世紀を切り拓くため、党改革や国の在り方について、思う存分働いていていただきたい」

だが、当時の平沢は、古賀の講演に先立つ一〇日前、三月二一日に私の取材に対して、こう述べている。

「野中さんは出馬しない。というよりも出馬できないと思う。出たら野中さんの派閥はガタガタになる。私は結局、小泉さんになるんじゃないかと思う。解党的出直しというなら小泉さんしかない」

事実、この頃、橋本派では反野中の動きが強まった。「影の総理」と呼ばれるほどの力を持った野中に対する反感であり、嫉妬もあった。それに、古賀や鈴木、そして公明党という自派閥以外との連携に権力基盤を置くことを、派閥内のメンバーは嫌った。

特に、野中の後継として官房長官を務めた青木との亀裂が深まった。青木は、派閥会長の橋本擁立を主張したのだった。

総裁選の対応を協議した派閥の幹部会で、ある幹部が率直に切り出した。

「うちは最大派閥なんだから、やっぱり自分たちの候補を出そう。橋本さん、あなたが出なよ。野中さんだと派が割れるし」

野中は「それはそうです」と応じ、橋本の擁立が決まった。野中出馬が消えた瞬間だった。野中総理は幻に終わったのである。

古賀にはこう連絡があった。

「やっぱり俺は総理総裁の器じゃないし、年齢も年齢だし、何よりも俺が出れば俺の派閥が分裂してしまうという危機感を持っている。出るべきではない」

古賀はこう振り返る。

「非常に残念でした。一方で、ここは、国民の声を反映させる総裁選にしなければならないとも思った。だから地方票を増やすことは仕方がないと思っていました」

平沢が見通した通り、すでに小泉の出馬を求める声が地方でも高まっていた。自らの後継を同じ派閥の小泉としたい森は、古賀にこう言った。

「私の政権はきちんとした手続きを経たにもかかわらず密室で生まれたと批判された。だから今回はオープンな総裁選にしてほしい。国会議員だけで決めるのではなく、地方票を増やして党員の声を反映させるため、地方票は五票にしてほしい」

国会議員票がそれぞれ一票であるのに対し、各都道府県連の票を従来の一票から五票に増やせという意味である。この話を聞いた野中は反対した。

「衆議院選挙は政権をかけた戦いだから、そこで選ばれた議員の一票は重くあるべきだ。地方を増やしても、せめて二票ではないか」

古賀は、こう返した。

「森総理が五票という強い意向なので二票では納得しないと思います」

すると野中は、「いいわ、あんたに任せる」ということだった。

結局、古賀は各都道府県連は三票と決めた。

それでも、幹事長会議の席上では地方から、「五票にすべきだ」という意見が多く、結局、古賀は「地方は三票。さらに、事前に行う予備選の勝者の総取りを認める」とした。

無念の思いを抱きながら、図らずも、この時点で、古賀は小泉の勝利を確信したという。今も引きずる複雑な胸の内を語ってもらった。

「いまだからはっきり言いますが、もしも野中さんが出馬すれば、地方票はできるだけ各県連一票でおさまるように調整したでしょうね。できたかどうかはわかりませんが。野中さんが出馬しないのであれば、地方の声に耳を傾けることも大事だろうからと、腹をくくりました。橋本元総理が出馬しても国民の支持は期待できないことは明らかでしたから。私は各県連を三票にして、勝者総取りも認めた時に、小泉さんの当選は間違いないと確信しました」

小泉と真紀子のコンビは「旋風」と言われるほどの国民的な支持を得た。

「自民党をぶっ壊す」

総裁選で小泉は、こう絶叫した。持論の郵政事業民営化をはじめ、「構造改革なくして成長はない」と繰り返した。「改革者」のイメージが、「古い政治」を圧倒し、「何かやってくれるかもしれない」という期待感だけが国民の間でも膨らんでいった。

古賀の予想通り、四月一九日から二一日にかけて行われた都道府県連の予備選で、小泉は圧勝する。この怒濤の流れに国会議員たちも逆らうことができず、議員投票でも小泉が圧勝したのだった。

二〇〇一年四月二四日、小泉新総裁が誕生した。

野中は、次のように記している。

「一九七〇年代から常に田中派、竹下派経世会出身者が主導権をにぎってきた日本の政治は、初めてそれ以外の者に委ねられることになったのである」（『老兵は死なず』）

一九九〇年代の反逆者である小沢は「竹下派」の腹の中から出てきたが、二〇〇〇年代の反逆者は「竹下派以外」から現れた。そしてその反逆は、戦後の保守政治に決定的な大転換をもたらすことになったのである。

4　最後の闘い

小泉プロデュースの「劇場政治」

小泉は反逆者である前に、異端者だった。党の会議に出ることもまれだった。たまに出て、意見が食い違うと、先輩に対しても激しい言葉で食ってかかった。仲間と飲みに行くことも、他の派閥の議員と交流する機会もほとんどなかった。

派閥の先輩である森でさえ、こう嘆く。

「とにかく、わがままで人の言うことは聞かない、自分を批判する人間にはものすごく反発するという点で、小泉さんと小沢氏は共通している」(『90年代の証言』)

反逆者に必要な資質は「わがまま」であるということだろうが、小泉には小沢のように離党してもついて来るような側近や仲間もほとんどいなかった。こういう異端児だからこそ、無情なほど強いリーダーシップを発揮することができた。情にからめとられてはリーダーシップの矛先は必ず鈍る。そして、この無情なリーダーシップを支えた最大の味方が、国民の支持だった。

五年五ヵ月にわたる小泉政権は、多少の上下はあったものの、平均して最後まで高い支持率で推移した。その最大の理由は、主にテレビを巻き込んだ劇場政治の演出だった。なによりも、「抵抗勢力 vs. 構造改革派」という「二極対立」の構図は、わかりやすさを重視するテレビの特質と合致した。これは小沢の政治改革と同様だ。あの時は「改革派 vs. 守旧派」だった。敵と味方を峻別し、敵を徹底的に叩きのめす演出にテレビを巻き込んだ。その「爽快感」と「残虐性」、さらに組織の論理を覆す「意外性」に人々は興奮したのである。

小泉の「わかりやすさ」は構図設定だけではなく、自らが発する言葉にも徹底された。

「自民党をぶっ壊す」に始まり、「聖域なき構造改革」、「改革なくして成長なし」、「恐れず、ひるまず、とらわれず」などなど、短く、印象に残るワンフレーズを多用した。この「わかりやすさ」は、短時間でニュースを伝えるテレビ報道と強く共振した。

両国国技館では優勝した貴乃花に「感動した！」と叫び、国会答弁では演台をたたきながら「旧郵政省のわけのわからない論理は通用しない」と凄んで見せた。アメリカに行けば、ブッシュ大統領とキャッチボールをし、サングラスをかけて大好きなプレスリーの真似をして歌い出した。

この「わかりやすさ」は、自らが常に国民の側にいるという「一体感」の演出にもつながった。「一体感」をさらに補強したのが、テレビへの露出だ。小泉は一日、二回、そのうち一回はテレビカメラ前で記者団とのやりとりに応じた。この露出度は戦後の総理では初めてのことだったと思う。どんなに都合の悪い状況になっても逃げることはなかった。露出は、「透明性」のイメージにつながる。国民の目に見える所で抵抗勢力を打倒するという「透明性」が、人々の政治への疎外感を解消した。

さらに、テレビは見えないものを見せようとする本能がある。その「暴露性」は、裏を返せば「権威、権力のヴェールをはがしたい」という「破壊衝動」だ。戦後保守の中に構築された政官業の利害関係は、国民からみれば権威と権力の牙城となっていた。政治権力は巨額の公金を動かし、二世、三世は増えるばかりで特権化している。トップ官僚たちは天下りを繰り返し、既得権益をむさぼりながら裕福な生活をしている。それなのに景気はいっこうによくならない。戦後保守の負の遺産を、小泉は「抵抗勢力」の責任に押し付け、国民の怨嗟と攻撃の対象に供した。特権化した密室を破壊することが、人々を刺激した。

小泉が高い「支持率」を得るために演出した「わかりやすさ」、「爽快感」、「残虐性」、「透明性」、「破壊衝動」は、すべてテレビにとって高い「視聴率」を得るための重要なファクターだった。我々テレビ記者たちは、小泉に食い込む必要もなく、その時々に見せられる現象を追いかけるだけで、視聴者を引きつける映像を取材することができた。取材した映像と音声で構成した小泉劇場は、まさに優秀な「テレビコンテンツ」だった。

ここに「テレビのジレンマ」もあった。「視聴率を取る」という自らの職業倫理に忠実に行動すればするほど、小泉がプロデュースする「劇場政治」にはまることになったからだ。小泉を政治的に支持するかしないかに関係なく、テレビ記者として、必死に仕事をすればするほど、劇場演出に貢献してしまうというジレンマだ。

もちろん、私自身もそのうちの一人だった。

戦後保守を否定する「劇薬」

小泉は、高い支持率に支えられ、小沢一郎ができなかったことをすべて実現した。

第一に「調整文化」の破壊だ。

最初の組閣や党執行部人事では、派閥幹部らと調整をすることなく「一本釣り」を徹底した。予算編成や政策立案の場を直属の経済財政諮問会議に移し、側近学者だった竹中平蔵を所管の経済財政政策担当大臣に起用して、議論をリードさせた。根回しや談合を否定し、何事も一人か、数少ない側近と決めていった。決めたら妥協はしなかった。少なくとも、そう演出した。

「調整文化」を破壊した結果、「多数決至上主義」の徹底に成功した。

「一票でも勝ったものに敗者は従う」という超合理主義であり、これは小沢が植え付けようとした小選挙区制の精神にも重なる。これにより「一票でも勝ったもの」が独断的に物事を決めていく「決める政治」が実現した。

また、規制緩和を推進した。「民間にできることは民間に」をスローガンに「地球的規模での競争時代にふさわしい、自立型の経済」(二〇〇一年五月七日所信表明演説)を目指した。これも小沢が主張したように、役所の規制に守られた護送船団方式を否定し、自己責任で強く生き残っていける企業や個人を理想化した。

政官業の癒着、しがらみ、不透明さを嫌い、公共事業の削減、不良債権処理、郵政事業や道路公団の民営化など特殊法人改革を進め、特に田中派の継承者たちが差配していた利権構造にメスを入れた。

外交でも、小沢が為し遂げられなかった自衛隊の海外派遣を実現した。

「世界の中の日米同盟」（二〇〇三年五月日米首脳会談）と位置づけ、「日米関係が良好であるからこそ、中国、韓国、ASEAN等をはじめ各国との良い関係が維持されてきている」(二〇〇五年一一月日米首脳会談)と総括したように、「超」がつくほどの「日米協調」路線をひた走った。「追随」と揶揄されようが、「戦争に巻き込まれる」と批判されようが、ブッシュ大統領の方針を支持し続けた。

就任早々の二〇〇一年九月一一日、アメリカで同時多発テロが起きると、アメリカは翌月には報復攻撃を開始した。小泉は、この報復をすぐさま支持、テロ対策特別措置法を成立させて、インド洋に海上自衛隊の艦船を派遣し補給活動を行った。さらにアメリカはイラクが大量破壊兵器を保有しているとして、二〇〇三年三月に先制攻撃を行った。イラク戦争である。これにも小泉は、いち早く支持を表明した。イラン・イラク復興支援特別措置法を成立させて、陸上自衛隊をイラクのサマワに派遣した。イラン・イラク戦争の時の中曽根、湾岸戦争の時の小沢が果たせなかった、自衛隊の海外派遣を、わずか三年のうちに法整備して実現してしまったのである。

まさに戦後の保守政治に代わる、新たな政治のスタートだった。低落していた自民党への支持をとり戻したものの、戦後保守を支えてきた日本的な文化や精神の変革を求めたという点で、小泉政治はまさに劇薬だった。

小泉改革vs.野中広務

野中は、小泉がここまで徹底した改革を実現できるとは思っていなかった。

「そんな大したことはできないだろう」

秘書の山田は、小泉が新総裁に就任直後、車の中で野中がこうつぶやくのを聞いている。

小泉の一本釣り人事についても「総理になった人の立場によっていろいろあります。（違和感は）そんなになかった」（『野中広務　回顧録』）と語っている。

古賀の感想が、野中の感じ方と重なると思う。

「私は小泉さんと深くつきあったことがありません。正直言って、あれだけのパフォーマンス、スタンドプレーをする政治になるとは思っていなかった。忸怩《じくじ》たる思いをもちつつも、そういう時代なのかと覚悟もしました」

野中は、小泉が最初に着手した大仕事である道路公団民営化には、全面的に反対していない。民営化の議論でも、公団が天下り先となり、高コスト体質になっていることを改革するという趣旨そのものには賛同している。ただし、道路を単線ごとの収支で合理化し、採算性の低い区間を中止する点には反対だった。野中は、公共財である道路はネットワークとして地方の利便性を重視しながら建設すべきだという考えだった。

小泉は「抵抗勢力」との戦いを演出するため、道路建設の凍結を進め、そのほか公共事業費の削減を徹底した。二〇〇一年度予算では九兆四三三五億円だった公共事業費を、自らが編成した二〇〇二年度予算では八兆四二三九億円と前年度比マイナス一〇・七パーセントと大幅削減を行った。効率だけを優先すれば、必ず地方は切り捨てられる。

また野中は、急激な不良債権処理にも反対した。経営が悪化している会社は倒産を余儀なくされる。優れた技術を持つ中小企業を含め、苦しい時に崖から突き落とすことになり、外資の買いたたきを助長すると批判した。

郵政民営化についても、郵便局に依存して生活している地方の切り捨てだと指摘した。そもそも、郵政事業は以前から特別会計で自前で運営し、税金は入っていない、民営化しても行政改革にはならないという理屈だ。

小泉は改革には「痛み」が伴うと言った。それは正しいかもしれない。しかし、野中は、その「痛み」が地方や弱者へのしわ寄せとなるのが許せなかった。

小泉が実現した自衛隊の海外派遣にも野中は徹底して反対した。テロ対策の名目でインド洋まで自衛隊の艦船を派遣するためのテロ対策特別措置法は、結局、アメリカの戦争に協力することだと主張した。

衆議院の本会議採決は、二〇〇一年一〇月一八日に行われたが、その際、野中は記名投票にすべきだと主張した。

「国家の命運を変えかねない法案に、誰が賛成したか反対したか、記録に残しておかなくてはいけない。記名採決にすべきだ」

戦後日本の方向性が変わるかもしれない歴史的な法案の採決に、自らの名前を残して、責任を刻んで賛否を決めたいというのが、野中の思いだった。しかし、野党民主党でも賛否が分かれており、賛否の名前をはっきりさせなくて済む起立採決となってしまった。

野中は、法案に反対はしなかった。

「派遣されて命をかけて任務にあたる自衛隊員のことを考えると反対はできなかった」と語った。採決直前に席を立ち、議場を去った。その後ろを、古賀も歩いていた。二人は採決を棄権したのである。

二〇〇二年からアメリカがイラク攻撃の動きを見せると、野中は、「わが国は容認すべきではない。解決に努力するべきだ」（二〇〇二年一〇月一八日京都市での講演）と牽制した。もちろん、イラクへの自衛隊派遣にも反対した。当初、政府案では自衛隊の活動内容に「大量破壊兵器の処理」という項目があった。これにも野中は閣議決定前の自民党総務会で猛反対している。

「大量破壊兵器というのはイラク戦争の際のアメリカの言い分で、これ自体はまだ証明されていない。それを日本の法律で認めた上で自衛隊を派遣するのだけはやめた方がいい」

この点は、野中の意見が受け入れられて、この項目は政府案から削除された。

野中は法案を了承したものの、やはり、本会議での採決が起立投票となったため、テロ特措法の時と同じ理由で、採決を棄権した。

自民党内でも、小泉の意見に反対する議員は少なくなっていた。かつて、自民党の最高意思決定機関であった総務会は、罵声と怒号が飛び交うほどの激しい議論の場だった。しかし、小泉の「自衛隊派遣」に反対する声はほとんどなかった。

戦争放棄の理念の消失

小泉劇場への熱狂に巻き込まれていた我々にとって、野中の批判は非主流派の「遠吠え」のように聞こえるようになっていた。我々メディアは報道の客観性を担保するために、原稿には必ず政府案の反対意見を盛り込む。圧倒的な人気と政治的決定力を持った小泉の言動を描くために、あえて反対意見も取材して対置しておくのだ。

本音では反対でも、黙して語らない議員が多くなっていた。一方、野中は果敢に反対意見をカメラの前で語ってくれた。しかし、その意見が日本の政治を再び動かすと思っていた記者は皆無だったといってよい。その胆力に敬服しながらも、我々は、客観性を担保する手段として野中を利用した。野中はすでにそういう存在になってしまっていた。

自衛隊派遣を巡る議論の中で、「自分をこれまで支えてきた何かがふっと薄らいでいくのを私は感じた」と野中は語っている。

「日本国憲法の掲げる「戦争放棄」「恒久平和」の理念を一つのよりどころにして、自衛隊を海外に出したりすることを「卑怯《ひきょう》者」といわれても避けてきました。憲法を盾にして戦争に加担しない道を歩んできたんです」（「しんぶん赤旗」前出）

こういう野中の時代は終わりつつあった。いや、こういう考え方が日本社会から消えつつあったのだ。

野中は二〇〇三年九月一〇日に、政界からの引退を表明する。一〇日後に自民党総裁選を控え、小泉に戦いを挑む矢先の、突然の表明だった。

「理念や哲学がないままに、揺れ動いていることが悲しい」

引退の理由について、同じ派閥の青木らが小泉を支持していることを第一にあげた。野中は同じ派閥の元運輸大臣・藤井孝男を擁立したが、分裂状態になったという。小泉を支持する青木らに対し、「毒まんじゅうを食うた」と批判していた野中だが、この会見でも「目先のポストに惑わされている仲間がおらんではありません」と痛烈に批判した。

ともに戦後保守政治を支えてきたにもかかわらず、その政治を否定している小泉に屈する仲間への失望と怒りを、最後の闘いにぶつけようとしていた。

「自ら退路を断って、我、闘うべし。最後の情熱を今回の小泉政権否定のために燃焼し尽くしたい」

しかし、総裁選の結果は惨敗だった。野中が支えた藤井は、議員票と党員票合わせ小泉の二割にも届かなかった。

政界引退を表明する野中
（共同通信社）

再選された小泉は直後に新たな党人事と内閣改造を行った。ここで安倍を幹事長に起用し、後継者としての育成に着手した。時代は「小泉一色」に染まり始めた。

後日、野中は引退を決断した理由について、こうも説明している。

「日本が混乱し、屋台骨を狂わしてしまった時代をつくったときに、ものを言わない政治家の1人としていたというのは恥ずかしいことだ。だから、これが最後の抵抗だと思って辞めた」(『90年代の証言』)

戦後保守の「屋台骨」が狂い、一つの時代が終わり、新たな政治のなかで生きることを潔しとしなかったということだろう。

なぜ、マキャベリストでもある野中が、最後まで闘い続けなかったのか。究極のリアリストでもある野中は、政治が理念だけでは動かないことを十分すぎるほどに理解していたからだ。理念、理想を実現するためには「数」という力が必要であることを、田中政治の懐で体にしみ込ませていた。

最大・最強、一致結束・箱弁当と言われた田中以来の栄えある派閥が、分裂を繰り返し、小泉と、熱狂する国民の前に跪《ひざまず》いた。野中は自らに政権を牛耳る力がないことを実感したはずだ。小泉は二〇〇三年一〇月一〇日に衆議院を解散。野中は議員バッジを外した。

5 生涯一闘士

野中と小泉の代理戦争

野中は京都四区の自らの後継者に、亀岡市長だった田中英夫を擁立し、二〇〇三年の衆議院選挙に勝利させた。

しかし、二〇〇五年九月、いわゆる郵政解散で田中は落選した。小泉が「改革の本丸」とした郵政民営化法案に反対し、「刺客候補」を送り込まれたからである。その刺客は、かつて野中とも近い関係にあった、JA京都中央会会長の中川泰宏だった。中川は二〇〇二年の京都府知事選挙で、自民党と公明党が推した候補に対抗して出馬し、それ以来、野中と対立関係にあった。

田中と中川の戦いは、野中と小泉の代理戦争、野中と中川の遺恨試合とも言われ、野中自身も記者団の前で、こう力を入れた。

「選挙は私が先頭に立つ」

しかし、結果は敗北だった。小泉劇場政治のフィナーレに、多くの人々が熱狂し、「抵抗勢力」は崩壊状態となった。

戦後の保守政治は大きく変質していた。これは小選挙区制度の効果が定着し始めた証左でもあろう。野中が憎んだ小沢の思惑通り、リーダーである総理大臣の力が際限なく強化されていった。小泉が郵政民営化の是非を問うたこの「郵政選挙」で、自民党は二九六議席、自公で三二七議席の圧倒的多数を獲得するのである。

大与党が登場した。「小泉チルドレン」と呼ばれる議員が増殖し、小泉が決めた事柄はほぼそのまま実現することになった。妥協や歩み寄りといった調整は、システムとして機能しなくなり、内閣支持率がよほど低落しない限りは、野党ばかりか、与党内の議論でさえ異論はまったく反映されなくなった。政府の権力が肥大化し、「政高党低」といわれる状況ができあがった。

さらに言えば、これもかつての小沢の狙い通り、政権交代が実現した。小泉以降、第一次安倍内閣、福田内閣、麻生内閣と一年ごとに迷走した挙句、二〇〇九年八月の衆議院選挙で再び、三〇八議席という史上最多数の議席を有する民主党政権ができあがった。

この選挙では、野中の「刺客」だった中川も落選した。

命を賭けた平和への証言

引退後も、野中は政治的な言動を続けた。

「これから民主党が国民のためになる官邸の機密費を含めた運用をやってくれるために、正確に言っておいた方がいいと思う」

二〇一〇年四月、テレビの報道番組で、野中はこう切り出して、官房機密費の存在ばかりか、その使い道、具体的な金額まで暴露した。

「総理の部屋に毎月一〇〇〇万円ほど渡す。衆議院の国会対策、参議院の幹事長室に五〇〇万円、総理経験者に顧問料みたいなもので盆暮れに一〇〇万円。疑問にも思っていたが、慣例だからと思って持っていかせた」

この機密費はマスコミ対策にも使われ、政治評論家などにも渡っていた。新築祝いに三〇〇〇万円要求してきた人物もいたことなどを明らかにした。

「外交的には、公開できないものもあるが、その他のものは公開し、透明化した方がいい」

「不透明で私的な使い方はできない仕組みにした方がいい」

機密費の適正な使い方を訴えた野中には、民主党政権を強烈に牽制する思惑もあっただろう。ある地元京都の関係者は、引退後の野中の言動に「未練」を感じたという。

「機密費について暴露したことは間違い。自分も使ったわけだから、墓場までもって行くべき話だ。引退したんだから、喋ってはいけない。やっぱり政治生活に満足していなかったんだと思う。小泉さんの台頭で引退に追い込まれたけど、政治に未練があったと思う」

「未練」というよりも、野中が政治に関わり続けようとする「執念」を持ち続けたことは確かだろう。「趣味は政治」と日頃から語っていた野中にとって、政界からの引退はあっても、政治的に生きるという意味での引退はなかったと思う。

「京都太陽の園」の理事長を務めると同時に、自民党の支持団体だった全国土地改良事業団体連合会の会長も務めた。民主党政権時代に予算を削減されたときは、当時、幹事長だった小沢に予算増額を求めて頭を下げようと国会に向かった。

「小沢さんが出てきたら面白いですね」

国会に向かう途中、秘書の山田がこう声をかけると、野中は笑みを浮かべながらこう言ったという。

「出て来るわけないやろう。おれだったら出えへんもん。それでええ」

野中の読み通り、小沢は出てこなかった。野中ほどの大物に、民主党の若手の議員が対応した。しかし、野中は淡々としていた。山田はその時の心境をこう解説する。

「小沢サイドは突っぱねる強い姿勢を見せ、野中サイドは会ってもらえなくても陳情する姿を見せる、お互いそれで面子《メンツ》が立つ。政治の心得です」

激しい政争を繰り返してきた者同士だから理解できる間合いなのだろうか。


野中は、毎週、京都と東京を往復し、出版、講演、テレビ出演などで発信を続けた。政治的な思惑は別として、野中が一貫して訴えたテーマは「反戦」だった。

「私のように実体験をした人間が徹底して語り部にならないといけないと思う。そうしないと日本は本当におかしくなる。足の動く限り、口の動く限り語り継ぐつもりです」

戦後六〇年を迎えた二〇〇五年に、野中はある対談でこう語っていた。

「平和、反戦を語るだけで何の意味があるのか」、「謝罪外交だ」、「一国平和主義だ」と批判する勢力の声が大きくなる中で、野中は愚直に戦争の悲惨さと戦後処理の重要性を訴え続けた。

また二〇〇九年に、当時は社民党、今は立憲民主党の阿部知子を支持する市民団体主催の講演会でこう述べている。

「日本という国が今、戦をしたがる国に変わりつつあり、アメリカの隷属下にあって、なんでもアメリカの言うことについていく。（中略）国民が抵抗しなければ、我が国は滅んでいく道を選ばざるを得ない。（中略）とにかく東アジアに残った戦争の傷跡、日本にも残った傷跡を修復することによって世界に胸はる日本と言えるのであります。

これを全部覆い隠して、知らん顔して、日本が世界に冠たる国なんて、口にすることが恥ずかしいという気持ちにならなければ、日本の良識は出てこない」

そして最後にこう強調した。

「私もまだまだ自分の命を引き換えにして、日本の将来の子供たちに、再び戦争の惨禍が及ばないための努力を、命をかけて、やってまいりたい」

野中は、戦没者の遺骨収集などに積極的に取り組んでいた阿部を評価し、講演の依頼を受けて合計四回、阿部の地元・神奈川県藤沢に足を運んだ。対する阿部も年に一度は京都で仲間たちと野中を囲んで親交を深めた。

「野中さんの政治には人の命、生活を大事にするヒューマニズムが底流にある。人間の命の営みは、国の片隅や、小さな生活の中にあることを知っていた。そこで、差別される人の痛み、貧しいものの苦しみ、少数者の悲しみを理解し、そうした悲哀を深くくみ取ろうとする生き方でした。そのために、予算も使い、利権も使ったんですね」

阿部は野中の政治をこう総括したが、もちろん、反対の見方もある。野中に批判的だった前出の地元関係者は私の取材にこう語った。

「野中さんは孤独だったと思う。政界のスナイパーと言われたが、人の弱点を衝いて取引する手法が批判され続けてきた。その批判をかわすために自分で弱者の味方というはなしをつくったんじゃないか。しかし、本当の仲間はいなかったと思う」

フリーライターの辛淑玉は野中の政治を「平和のための談合」と評した。野中は二度と戦争をさせないために、権謀術数をめぐらした。その矛盾こそが、「平和であり、そして反戦であり、そして国民を中産階級の国民にしていく」ことを保守し続けるための、野中なりのリアリズムだったのではないか。そして、保守すべきものを、必死に「ものがたり」として残したのだろう。

「日本は負けた国だ」という遺言

野党は弱体化し、与党も含めて人材の払底が指摘されて久しい。次のリーダーがなかなか見えてこない。その影響もあって、第二次安倍政権は、小泉政権以上に強力な政権となった。

安倍は二〇一四年七月一日の閣議で、それまで集団的自衛権の行使を禁じてきた憲法解釈の変更を決定し、翌年、安保関連法を成立させて、日本が攻撃されていなくても、国民に明白な危険があるときなどは自衛隊が他国とともに反撃できるようにした。

憲法違反を主張する意見も多く、国論を二分する議論となった。政府が提出する法案が憲法に違反しないかどうかなどを監視する内閣法制局は、行使禁止の立場だったため、安倍は、二〇一三年八月、自らに賛同する役人を長官に起用するという、強硬かつ異例の人事までやってのけた。

集団的自衛権行使の是非が国会でもテーマとなっていた二〇一四年二月一九日、野中は参議院の「国の統治機構に関する調査会」に参考人として招聘され、一時間半にわたって、内閣の在り方、政府と政党の在り方などについて話をした。

なぜ、野中を呼んだのか。この「調査会」の会長だった自民党参議院議員の武見敬三に訊いた。

「安倍官邸が主導的な役割を果たすことは否定しない。しかし、国会の立法府としてのチェック機能は確保されなくてはならない。だから官邸にいて立法府を尊重してきた野中さんに、政府と国会の在り方を聞かなければならないと思った」

武見に「日本の政治は今のままでいいのか」という強い思いがあることは確かだろう。そんな政党政治の良識を、この調査会は、野中に代弁してもらう場となった。すでに八八歳。上の瞼が重そうで、目が細く見える。それでもしっかりと、いつもの少々高いトーンで、用意してきた原稿をまず読み上げた。

「多数決で信任されたといって、与党だけの内閣ではありません。議会が信任した内閣であります。（中略）必要とあれば、野党の意見を取り入れることも議会政治には期待されるところであります」

「意見の違いから共通なことを合意していくという議会政治の本旨が失われてきたと存ずるのであります」

野中は、戦後保守が大切にしてきた「調整型政治」の重要性を改めて説いた。その上で、憲法解釈変更を巡る安倍の政治手法を痛烈に批判した。

「非常に表現は悪いけれども、せこいやり方であり、非常に基本を間違ったやり方である」

「せこい」という難詰の言葉に、「政界の狙撃手」の片鱗を見た。また、与党での議論、野党との議論が形骸化していると指摘した上で、安倍のリーダーシップについて、こう釘を刺した。

「余りにも自分が思う方向にどんどんと進んでいくことに、やや高揚感があり過ぎるんではないかと。そのことがやはりこの国の前途を誤ることになるんではないか」

そして野中は、質疑応答の終盤で、こう言い残して、最後となった国会の場を後にした。

「あの戦争のむごい状態をもう一度若い皆さん方が思い起こしていただいて、そして勉強し研鑽《けんさん》していただいて、この国が再び戦争の戦火にまみえることのない、そして戦争に負けた国だという、その状態を常に胸に持ちながら隣国や関係国との平和友好の道を歩んでいただきたい」

小泉と安倍は、つねに「強さ」をアピールしてきた。決めたことを強硬に押し通す「強さ」、自衛隊を海外に派遣した「強さ」、拉致問題を解決すると約束して北朝鮮に制裁を加える「強さ」。実はアメリカの圧力に屈して追随しているだけにすぎなくとも、実は拉致問題に目に見える進展がなくとも、「強さ」の印象だけを独り歩きさせてきた。

自らも兵士としてフィリピンで戦い、戦後、『レイテ戦記』など、独自の戦争文学のジャンルを打ち立てた大岡昇平は、代表作『野火』にこう書き残している。

「戦争を知らない人間は、半分は子供である」

野中たちの世代がいなくなり、日本は今、「半分子供」ばかりになってしまった。戦争を知る戦後保守が権力を握り、本流にあった社会では声をひそめていた「半分子供」たちが、今、大声を出せる時代になった。罵声すら聞こえるようになった。「半分子供」たちが、勇ましく虚勢を張っている。

野中は、あえて「日本は負けた国だ」という言葉を残した。

それは、「強さ」に憧れる「半分子供」たちに向かって、「分をわきまえた〝大人〟になれ。敗戦に至った日本の歴史を学べ。弱者へのやさしさを持て」と諭しているように私には聞こえた。

あとがき

野中は今、京都の東山、三条通沿いの佛光寺本廟で、妻つた枝、そして早くに別れた長男の拓、次女の園江とともに永遠の眠りについている。

そこは眼下に東山の町並みが広がる高台にある。山門をくぐると左手には山科へとのびる粟田山の西の端が木々を見せており、その斜面に沿って墓地が広がっている。西を望めば嵯峨嵐山から亀岡、そして故郷の園部へと連なる丹波の山々だ。

墓は周囲に溶け込み、ひっそりとたたずむ。かつて「影の総理」とも呼ばれた権勢は感じられない。飾り気もなく、街の喧騒を離れて静寂に包まれている。「二度と戦争はさせない」と斃れる直前まで叫び続けた情熱に思いをはせると、対照的なその静けさには、寂寥《せきりょう》とした冷気すら感じる。

今は沈黙を余儀なくされた野中の声なき声に耳を傾け続ける意味とは何だろうか。それは悲しみの歴史を継承していくことだと私は思う。

野中が私たちの世代に残したかったものとは、戦争で死に、傷つき、大切なものを失った人々の悲しみの歴史だった。人間は快楽から教訓を得ることはできない。気まぐれな欲望に流される生者の教訓は時に虚しい。死者の悲しみからしか、悲しみを繰り返さないための真の教訓は生まれてこない。

その悲しみを実感した世代の一人として、野中は斃れるまで語り続けた。

しかし、我々の世代は、すでに、この教訓を実感として共有することはできない。野中たちが残した言葉によってその悲しみを理解し、継承していくほかに道はない。ところが、大岡の言う「半分子供」たちは、この「言葉」を都合よく理解し、戦後の平和と豊かさを存分に享受しながら、天真爛漫に反抗し始めた。

戦後保守が目指してきたものを、「半分子供」たちは、「弱者の横暴」、「弱者の利権」と批判する。戦争の傷跡の清算を「屈辱外交」と貶める。そして、性懲りもなく、再び「強さ」を求めようとしている。

強いものに憧れる「子供」の本能がむきだしになってきたということか。それとも反抗期ならではの無謀な「自分探し」への挑戦なのだろうか。

小沢から小泉、そして安倍に至る、反対意見に妥協しない「強さ」、強大なアメリカの軍事力に寄り添うことで演出する「強さ」は、「半分子供」たちを引きつけてやまない。経済的不安、中国の脅威、未熟な知性が、「強さへの憧憬」をさらに助長しているようだ。

民意というものは、時に混乱し、極端に右へ左へと振れるものだ。だからこそ、振り子のバランスを取ることが政治の重要な役割なのだ。多くの人々を熱狂させた小沢の政治改革や、小泉の劇場政治に対して、闘いを挑み続けた野中の政治は、まさにバランサーの役割を果たしていたと言えるだろう。

最近の政治では二極対立を煽り、国民に二者択一を迫ることが主流になってきた。反対するもの、抵抗するものに歩み寄るどころか、野次り倒す時代になってしまった。平衡感覚が後退する一方で、その強権政治からは様々な問題が噴出している。

学校法人「森友学園」の国有地売却を巡る決裁文書が、財務省の幹部官僚の指示で改竄《かいざん》された。また、南スーダンに派遣された自衛隊の日報が大臣に報告されていなかった事実も明るみに出た。これらの問題には、かつて戦争に勝っていると国民を騙し続けた「大本営発表」から連続する病理がある。軍部を頂点とした官僚組織の病根が、再び発芽し始めたかのような惨状に、私は戦慄すら覚える。

歴史を学べば、これがどれだけ深刻な事態かわかるはずだ。しかし、安倍政権の対応はあまりにも鈍く、不誠実だった。メディアや野党の追及がなければ、闇の中に葬り去られたということだろう。問題が発覚するたびに「文書はない」と答弁し、その後からその問題の文書が出てくるケースが相次いだ。安倍はその後、「批判を真摯に受け止め、謙虚に丁寧に政権運営を行いたい」と低姿勢をアピールしたが、辞任せずに謝罪ですませ、「引き続き頑張る」という責任の取り方は安倍政権の常套手段だ。こうした政治の質を目の当たりにして真っ当なバランスを取り戻す必要があると思う人は少なくないはずだ。

政治は、行き過ぎた忖度をする役人がいれば、もっと公正に配慮するように注意しなければならない。熱狂的な信奉者がいれば、それを諫めて反対意見にも耳を傾けるよう諭さなければならない。街頭で罵声を浴びせる国民がいれば、対抗して絶叫するのではなく、「まあ話を聞け」と説得しなければならない。歴史に育まれた叡智、教養、品格こそが政治の平衡感覚であるべきであり、大人の政治の所作であるはずなのだ。

「決める政治」は必要だ。政治には結果責任が求められる点で、政治家は聖人君子ばかりではいられないだろう。ただ、野中たちの世代は、「決め方」を大事にしてきた。できるだけ納得してもらう。できるだけ敵を減らす。これが大人の共存の精神だった。これこそが、昭和という時代が、三〇〇万人の命を犠牲にして得た、悲しみの果ての教訓だった。

野中はかつて雑誌のインタビューで、「私の人生は、戦争で死ねんかった付録の人生」だと、だから、「言うべきことはちゃんと言う人間になりたい」と語っていた。そして、「責任の取り方だけは明確にしたい」と言った。それは、無念にも戦争で死んでいった人たちに恥じない「生き方」をしたいという覚悟だろう。我々の世代も、少数者を野次り、話を誤魔化し、責任を取らない「生き方」を放置したままでは、次の世代の子供たちに申し訳が立たない。

本書で描いた野中の「生き方」を通して、戦争体験を経た、かけがえのない時代の精神を伝えられたかどうか、読者の評価を待ちたい。昭和の影を引きずった平成の世も終わろうとしている。新たな時代のスタートにあたり、われわれ大人たちが、いかに平衡感覚を研ぎ澄ましていくか、本書が、その一助となれば、これに過ぎる喜びはない。


本書の出版にあたり野中禎夫氏、自民党の古賀誠元幹事長や二之湯智参議院議員、元秘書の山田広郷氏をはじめ、多くの国会議員、関係者の方々にインタビューに応じていただくなどご協力をいただいた。また大西清美氏の三男である氏政氏のご家族、ご親戚の方々には、休日にもかかわらず長時間の取材に応じていただいた。皆様に心より感謝の気持ちを伝えたい。

さらに日本テレビ報道局の粕谷賢之報道解説委員長、杉本敏也局長、小栗泉政治部長にはこの出版に理解をいただいた。日頃からの指導を含め、御礼申しあげる。

二〇一八年四月一四日、野中のお別れの会で、講談社の鈴木章一取締役と同席し、背中を押していただいたことから、本格的な執筆が始まった。野中の長く奥行きのある政治生活を改めて取材するに当たり、その方向性を見失いかける時も多々あったが、担当していただいた講談社の青木肇氏、丸山勝也氏、メディアプレスの岡村啓嗣氏、また向井徹氏には、激励と、適切なアドバイスをいただいた。あらためて謝意を表したい。

菊池正史

二〇一八年一一月

講談社現代新書　2507

「影《かげ》の総理《そうり》」と呼《よ》ばれた男《おとこ》　野中広務《のなかひろむ》　権力闘争《けんりょくとうそう》の論理《ろんり》

二〇一八年一二月二〇日第一刷発行　二〇一九年一月八日第二刷発行

著　者　菊池正史《きくちまさし》

発行者　渡瀬昌彦

発行所　株式会社講談社

東京都文京区音羽二丁目一二―二一　郵便番号一一二―八〇〇一

電　話　〇三―五三九五―三五二一　編集（現代新書）

〇三―五三九五―四四一五　販売

〇三―五三九五―三六一五　業務

装幀者　中島英樹

印刷所　凸版印刷株式会社

製本所　株式会社国宝社

定価はカバーに表示してあります　Printed in Japan

N.D.C. 916　270p　18cm

ISBN978-4-06-514232-5

「講談社現代新書」の刊行にあたって

教養は万人が身をもって養い創造すべきものであって、一部の専門家の占有物として、ただ一方的に人々の手もとに配布され伝達されうるものではありません。

しかし、不幸にしてわが国の現状では、教養の重要な養いとなるべき書物は、ほとんど講壇からの天下りや単なる解説に終始し、知識技術を真剣に希求する青少年・学生・一般民衆の根本的な疑問や興味は、けっして十分に答えられ、解きほぐされ、手引きされることがありません。万人の内奥から発した真正の教養への芽ばえが、こうして放置され、むなしく滅びさる運命にゆだねられているのです。

このことは、中・高校だけで教育をおわる人々の成長をはばんでいるだけでなく、大学に進んだり、インテリと目されたりする人々の精神力の健康さえもむしばみ、わが国の文化の実質をまことに脆弱なものにしています。単なる博識以上の根強い思索力・判断力、および確かな技術にささえられた教養を必要とする日本の将来にとって、これは真剣に憂慮されなければならない事態であるといわなければなりません。

わたしたちの「講談社現代新書」は、この事態の克服を意図して計画されたものです。これによってわたしたちは、講壇からの天下りでもなく、単なる解説書でもない、もっぱら万人の魂に生ずる初発的かつ根本的な問題をとらえ、掘り起こし、手引きし、しかも最新の知識への展望を万人に確立させる書物を、新しく世の中に送り出したいと念願しています。

わたしたちは、創業以来民衆を対象とする啓蒙の仕事に専心してきた講談社にとって、これこそもっともふさわしい課題であり、伝統ある出版社としての義務でもあると考えているのです。

一九六四年四月　野間省一